Juan G. Fernández
Francesc Gomila

¿En qué te basas para enseñar?

Claves para la fundamentación de las decisiones educativas

Prólogo de **Geoff Petty**

biblioteca
INNOVACIÓN
EDUCATIVA

Dirección del proyecto: Carles Suero
Diseño: Dirección de Arte Corporativa de SM
Corrección: Ricardo Ramírez
Edición: Sonia Cáliz

© SM, 2025

ISBN: 978-84-1055-211-1
Depósito legal: M-12896-2025

Impreso en España / *Printed in Spain*

Índice

Prólogo

Los buenos docentes "tocan la vida de los estudiantes" para siempre. Si enseñas bien, algunos de tus alumnos, que habrían fracasado en la clase de otro profesor, tendrán éxito en la tuya. Luego podrían seguir obteniendo calificaciones y habilidades más avanzadas, solo gracias a tu enseñanza experta. Después podrían conseguir una carrera profesional, de hecho, una vida completa que nunca habrían tenido sin ti. No muchas profesiones marcan ese tipo de diferencia. Así que vale la pena enseñar correctamente.

Enseñé física durante treinta años, pero cuando empecé, a menudo lo hacía mal, utilizando viejos métodos que mis profesores habían empleado conmigo. Yo trabajaba mucho más que mis alumnos, así que estaba muy cansado al final de cada día. Entonces sentí curiosidad por la evidencia sobre qué funciona mejor en la enseñanza. Descubrí que había habido una revolución en cómo la investigación educativa se realizaba, creando una avalancha de información sobre lo que funciona mejor y por qué. Gran parte de esta investigación era muy práctica, y sería una locura ignorarla. Los métodos de enseñanza, estrategias y técnicas más efectivos esperan que los profesores hagan menos, y los estudiantes, más. Así, estos métodos hacen que la enseñanza sea más efectiva, menos agotadora y más agradable para los docentes.

Además, los alumnos disfrutan mucho más con estos métodos, ¡aunque algunos tendrán que acostumbrarse a hacer algo de verdad! Adoptar prácticas informadas por la evidencia permitió a mis alumnos aprender mucho mejor. El principal problema que encontré fue que yo, bastante a menudo, tenía poco que hacer excepto mirar por encima del hombro de los estudiantes mientras trabajaban y escuchar lo que decían en parejas o grupos, orientándolos cuando era necesario. Esto era positivamente relajante en comparación con pontificar desde el frente del aula, y la mayoría de los días llegaba a casa sintiéndome mucho menos agotado.

Los médicos solían sangrar a los pacientes que sufrían de anemia y administraban picaduras de abeja en las articulaciones artríticas. ¿Por qué? Porque todos los demás lo hacían y todos esos médicos no podían estar equivocados —¿o sí?—.

La medicina y la agricultura están ahora en gran medida "informadas por evidencias", ¿por qué no la educación? La investigación en las aulas es incluso más difícil que la investigación en medicina o agricultura. Pero ha dado pasos gigantescos en las últimas décadas, y ahora sabemos lo suficiente sobre el aprendizaje y la enseñanza para mejorar enormemente la docencia. Esto no significa que debamos abandonar nuestra intuición o nuestras propias evidencias; de hecho, este es el tribunal final de juicio, como verás en los capítulos siete y nueve.

¿Por qué desperdiciar nuestros esfuerzos en métodos de enseñanza que no funcionan bien, cuando podemos utilizar los que sí funcionan? La práctica informada por evidencias ha barrido con las prácticas tradicionales en la agricultura y la medicina, y es solo cuestión de tiempo antes de que la escoba barra también la enseñanza.

Existen muchas estrategias de enseñanza que permiten a los estudiantes mejorar sus calificaciones de manera muy notable en comparación con la enseñanza más convencional. Imagina lo que sucedería si utilizaras estos métodos de forma habitual.

El futuro ya está a la vista y vuestra generación de docentes forjará un camino hacia él. ¡Sí, vosotros! Nuestros estudiantes tienen mucho que ganar, y también lo harán la economía y la inclusión social. Los profesores también tenemos mucho que ganar, ya que los nuevos métodos a menudo hacen que la enseñanza sea menos agotadora y mucho más interesante.

¿Qué es la práctica informada por evidencias?

Primero veamos qué no es la práctica **informada por evidencias**. Probablemente hayas asistido a una presentación donde una persona con autoridad sugiere entusiastamente una iniciativa y hasta describe tanto las ventajas como las desventajas del nuevo enfoque imparcialmente, en términos de la mejora en la calidad del aprendizaje que produce. El presentador puede entonces decir que la iniciativa requiere algo de tiempo, pero que las ventajas superan las desventajas y que las investigaciones han encontrado una mejora cualitativa y cuantitativa en el aprendizaje de los estudiantes cuando la iniciativa se probó en un piloto. ¿Deberías adoptar esta iniciativa en tu enseñanza? ¿Está informada por evidencias? Piénsalo antes de seguir leyendo.

La mayoría de las personas se sentirían persuadidas a utilizar esta iniciativa. Pero incluso si todas las afirmaciones fueran ciertas, esto no es una práctica informada por evidencias y la implementación de la iniciativa podría ser una distracción que desperdiciase el tiempo y la energía muy limitados disponibles para los profesores. ¿Por qué?

En primer lugar, la iniciativa puede no centrarse en una dificultad conocida en tu aula, ya sea en el aprendizaje de tus estudiantes o en tu enseñanza. Ahí es donde deberías enfocar tu esfuerzo de mejora. Como ya he mencionado, es imposible enseñar perfectamente, todos los profesores pueden mejorar (¡incluso tú!). La iniciativa podría mejorar algo que ya haces bien, mientras ignora lo que realmente necesita mejorar. Tienes tiempo limitado para dedicar a mejorar tu enseñanza, así que este tiempo debe emplearse sabiamente.

En segundo lugar, sean cuales sean las ventajas de esta iniciativa, otra iniciativa podría tener incluso más ventajas y menos desventajas, e incluso podría llevar menos tiempo. No podemos implementar todas las iniciativas, así que necesitamos comparar el poder relativo de las iniciativas que podríamos adoptar. ¡Trabajemos de forma más inteligente, no más esforzada!

Una cosa es saber qué métodos funcionan, y otra muy distinta entender por qué. Sin comprender por qué funcionan, es muy poco probable que los utilicemos de manera eficaz. También seremos incapaces de criticar constructivamente nuestra propia práctica y la de los demás.

Gracias a ingeniosas teorías respaldadas por rigurosos experimentos en ciencia cognitiva, psicología, psicología social, fisiología neural y otros campos, ahora entendemos mucho sobre por qué aprendemos, cómo aprendemos y, en consecuencia, qué puede ayudarnos a mejorar el aprendizaje de los estudiantes.

Una crítica habitual a la enseñanza informada por evidencias es que la enseñanza es demasiado compleja y específica del contexto como para poder extraer conclusiones generales. El argumento es que cada estudiante, cada profesor y cada aula son únicos (lo cual es cierto), por lo que no se pueden hacer afirmaciones generales (lo cual no es cierto). Si el contexto lo fuera todo y no se pudiera dar ningún consejo general, como argumentan estos críticos, encontraríamos que los resúmenes de investigación sobre iniciativas específicas o métodos de enseñanza mostrarían que todos son muy similares en cuanto a su efecto en el rendimiento. Las diferencias vendrían determinadas por contextos y no dependerían de la estrategia de enseñanza utilizada.

¡Pero encontramos todo lo contrario! El trabajo de Hattie ha demostrado que algunos métodos, estrategias o técnicas de enseñanza, cuando se revisan sistemáticamente, tienen muchísimo más efecto en el rendimiento que otros. Esto ocurre **a pesar de** las inevitables diferencias de contexto en los estudios individuales de cada revisión. Algunos, incluyéndome a mí, argumentan que, si una estrategia se ha probado en cientos o miles de aulas y casi duplica la velocidad de aprendizaje, a pesar de los diferentes contextos, entonces vale la pena probar el método en mi propia aula. Especialmente si está dirigido a una debilidad en mi enseñanza, o en el aprendizaje de mis estudiantes. Después de una serie de pruebas cortas y una cuidadosa adaptación en mi aula, puedo decidir que no funciona para mí y mis estudiantes. Pero si funciona bien en otras aulas, **vale la pena** probarlo en la mía.

Una analogía podría ser que algunos agricultores dicen que no importa qué variedad de nabo siembres, ya que el tamaño de tus nabos solo depende del contexto, como el suelo, el clima y la habilidad del agricultor para sembrar y cuidar las plantas. Entonces aparecen algunos agricultores que prueban diferentes variedades de nabos. Los cultivan en diferentes granjas y con distintas condiciones climáticas, y descubren que algunas variedades producen nabos mucho más grandes y mejores que otras, sin importar qué agricultor las use y sin importar cómo sea el suelo o el clima.

Muchos educadores, incluido el propio Hattie, argumentan que los docentes deberían medir su propio impacto y eficacia, y trabajar en sus debilidades percibidas, y no deberían "seleccionar a conveniencia" los métodos más efectivos. Es cierto que atender a tus debilidades y las de tus estudiantes probablemente traerá el mayor beneficio. Pero quizá podamos *seleccionar cuidadosamente* métodos que también atiendan a esas debilidades. Tienes que decidir por ti mismo sobre esto. El jurado está deliberando, ¡y uno de los miembros del jurado eres tú!

Encontremos los problemas y solucionémoslos

Utilizar los métodos de enseñanza que se sabe que funcionan mejor, y entender cómo funcionan en términos de neurociencia, es solo una parte de la práctica basada en evidencia. Las revisiones de investigación solo pueden decirnos cómo aprende mejor el estudiante promedio. Pero esto ignora los contextos en los que enseñas y los problemas que pueden causar.

Existe un amplio consenso en que para mejorar la enseñanza debemos abordar factores contextuales como tu asignatura, el sistema tutorial de tu institución, los conocimientos previos necesarios para tener éxito en tus materias, tus métodos de enseñanza preferidos, tus debilidades como docente, las dificultades que tienen tus estudiantes y así sucesivamente. Esto deberá ser considerado si quieres que tus estudiantes aprendan lo mejor posible.

Necesitamos encontrar los factores contextuales que más contribuyen al éxito en tus cursos, diagnosticar cualquier problema que estés experimentando con ellos, y solucionarlo. Este es otro aspecto de la práctica informada por evidencias que se analiza en los capítulos siete y nueve.

Un malentendido común sobre la enseñanza informada por evidencias es que intenta dictar lo que los profesores deben hacer. Pero en realidad la enseñanza informada por evidencias solo te muestra la mejor manera de lograr tus propios valores, prioridades y objetivos, y cómo resolver tus problemas. Seguirás necesitando aportar la creatividad y el juicio necesarios para decidir qué factores debes mejorar y los métodos más adecuados para lograrlo, y cómo aplicar estos métodos dentro del contexto único de tu propia enseñanza. La práctica informada por evidencias "re-profesionaliza" a los docentes, dándoles control sobre las iniciativas para mejorar el aprendizaje. Los médicos y los agricultores no se quejan de emplear evidencias en sus profesiones, saben que mejoran su rendimiento y les ahorran tiempo y problemas. Así que es extraño que algunos docentes sean reacios a buscar la ayuda que la investigación puede ofrecer.

¿Cuánto se puede mejorar tu enseñanza y el aprendizaje de tus estudiantes?

Pasé décadas examinando revisiones de investigación sobre educación y temas relacionados, y una revisión de investigación me impactó más que cualquier otra. La investigación de K. Anders Ericsson planteó la pregunta: ¿las personas con habilidades y capacidades excepcionales nacen o se hacen?

Él estudió sistemáticamente la investigación de otras personas sobre el rendimiento excepcional en los campos del trabajo académico, música, ajedrez, atletismo, artes y otros dominios del esfuerzo humano. ¿Se debía esta habilidad excepcional a atributos fijos como los genes, el talento, el CI, la educación o la suerte? ¿O fue debido al aprendizaje y al trabajo duro?

La revisión de Ericsson se inclina firmemente a favor del trabajo duro en lugar del talento innato. Existe ahora una gran cantidad de evidencia de que el talento, el CI y la capacidad de desempeñarse de manera excepcionalmente hábil son todos **aprendidos** a través de la *práctica deliberada*. Esto implica reservar algo de tiempo para abordar deliberadamente las debilidades. No se trata solo de hacerlo de nuevo. Es practicar deliberadamente estrategias que te harán mejorar. Así que, por ejemplo, los violinistas en conservatorios pueden practicar todos durante aproximadamente la misma cantidad de tiempo. Pero los violinistas que se vuelven más talentosos y, por tanto, se convierten en solistas son aquellos que trabajan en sus debilidades y en las piezas más difíciles (práctica deliberada), no los violinistas que tocan las piezas que les apetece tocar (práctica normal). La práctica deliberada es muy exigente, dolorosamente exigente, y hasta los más dedicados no pueden hacerla durante más de unas cuatro horas al día en total, generalmente en períodos cortos. Otro tipo de práctica, como tocar tus piezas favoritas, es mucho menos exigente.

Las habilidades se desarrollan con el trabajo para mejorar, no son un talento innato. Incluso la inteligencia aumenta con la edad; eras más inteligente a los 10 años que a los 5, aunque los sistemas de puntuación del CI enmascaran esta mejora al hacer que la inteligencia media a cualquier edad siempre sea igual a 100.

Este hallazgo de que las habilidades y capacidades se aprenden contradice directamente las convicciones profundamente arraigadas de muchos profesores y estudiantes, al menos en Occidente. En consecuencia, puedes encontrarte dudando de muchos de los hallazgos de Ericsson. Si es así, ¡cuestiona tu condicionamiento!

La conclusión de Ericsson, de que la habilidad proviene de la práctica deliberada y no de los genes, tiene profundas implicaciones tanto para la enseñanza como para el aprendizaje. Muchos estudiantes creen que su rendimiento está determinado, al menos en parte, por atributos fijos, a menudo establecidos desde el nacimiento: "No puedo hacer matemáticas", "No se me da bien escribir ensayos". Un joven estudiante se me acercó al final de una clase y susurró: "Señor Petty: solo quería decirle que ninguno de mis padres sabe matemáticas". Estaba muy desconcertado hasta que comprendí que me estaba diciendo que ¡le faltaba el "gen matemático"! Estos alumnos no se ven a sí mismos como personas que pueden mejorar, y muchos de sus docentes están de acuerdo. Si tanto el alumno como el profesor creen que el éxito es improbable, su profecía compartida probablemente se cumplirá.

Además, muchos directivos ven la enseñanza como un talento innato, no como una habilidad aprendida, y por eso desesperan de la posibilidad de mejora en sus profesores. Las revisiones de investigación muestran que los profesores pueden mejorar enormemente con el tiempo. Pero necesitan que su departamento o institución les proporcione el tiempo y la orientación necesarios para apoyarlos, como en las *comunidades de práctica* descritas en el capítulo nueve.

La buena noticia es que todo el mundo puede mejorar, con el tiempo, hasta niveles notablemente altos. No todos podemos convertirnos en Einstein, pero todos podemos mejorar. La mala noticia es que la mejora solo se produce con el tiempo, y debido al trabajo en lo que nos resulta difícil. La peor noticia de todas es que muchas personas en Occidente creen que una mejora sustancial es simplemente imposible. Muchos creen que existe un límite en nuestro posible desarrollo. Sin embargo, las culturas confucianas como las de China, Japón y Corea siempre han considerado las habilidades como algo que se aprende, y se preguntan por qué en Occidente creemos en el talento innato.

El trabajo de Ericsson se aplica tanto a ti como a tus estudiantes. ¿Recuerdas cuando eras un profesor novato? Al principio estabas en una *curva de aprendizaje pronunciada*, es decir, mejorabas rápidamente mientras aprendías qué hacer y qué no hacer. Los profesores noveles aprenden rápido porque a menudo están *fuera de su zona de confort*, encontrándose con sorpresas desagradables y aprendiendo a lidiar con ellas. Pero eventualmente, después de unos tres años o más, muchos profesores encuentran una forma de enseñar que funciona. Entonces cometen un error fatal, aunque comprensible. Dicen: "Eso funcionó la última vez, así que continuaré haciendo lo mismo". Como resultado, su habilidad se 'estanca'. Como dice el refrán: "Si siempre haces lo que siempre has hecho, siempre obtendrás lo que siempre has obtenido". El rendimiento medio de sus estudiantes también se estanca, por supuesto. Es realmente obvio: tienes que cambiar para mejorar.

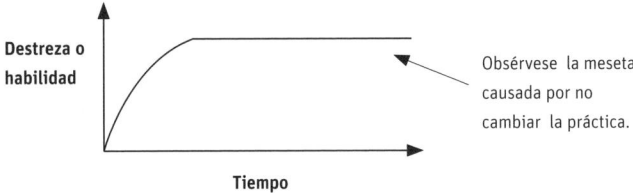

La mejora en la habilidad de muchos profesores novatos.

La mejora en la habilidad de alguien involucrado en la práctica deliberada.

Sin embargo, Ericsson descubrió que algunas personas, en todas las áreas del esfuerzo humano, no se estancan. Ya sea por convicción personal, curiosidad o enfoque en el aprendizaje, continúan desafiando y cambiando lo que hacen. Practican cuidadosamente lo que es difícil, reflexionando y aprendiendo. Cambian su forma de hacer las cosas y experimentan con métodos completamente nuevos. Como resultado, con el tiempo, continúan mejorando (siempre y cuando sigan practicando deliberadamente).

Enseñar es simplemente demasiado difícil para hacerlo bien. Siempre es posible mejorar. Si sales de tu zona de confort y experimentas con nuevos métodos, encontrarás esto enormemente gratificante, siempre y cuando controles el cambio y lo hagas a un ritmo cómodo que te dé tiempo para reflexionar. Experimentar puede ser muy divertido, especialmente si lo haces con tu equipo docente, y compartes tus hallazgos con otros, y si ellos comparten sus hallazgos contigo, como se describe en el capítulo nueve.

Principios de la práctica informada por evidencias

A modo de resumen, hay cuatro principios de la práctica informada por evidencias; al menos uno de estos suele ser ignorado en la mayoría de los argumentos que intentan justificar la práctica educativa. Todos estos principios deben ser considerados en la práctica informada por evidencias.

1. Necesitas todas las pruebas para tomar decisiones acertadas

Para evaluar una iniciativa o estrategia educativa, debes compararla con cualquier alternativa que pueda lograr los mismos objetivos. Por muy buena que sea una estrategia, ¡puede haber otra que sea aún mejor! Como verás en el capítulo seis, ahora es posible comparar la efectividad de las estrategias utilizando "tamaños del efecto" promedio y otros enfoques.

Además, debes confiar en las opiniones de los expertos que han examinado **toda** la investigación de alta calidad y sopesado todos los argumentos para llegar a sus conclusiones. Esto es necesario porque *un estudio de investigación a menudo es contradicho por otro*.

2. No es suficiente saber qué funciona, necesitas saber por qué

Si utilizas una estrategia de enseñanza altamente efectiva a ciegas, es muy poco probable que saques el máximo provecho de ella. Debes entender por qué funciona para poder explotar todo su potencial. Cuando enseñas, reaccionas constantemente a la situación en el aula, y es tu comprensión de la situación de enseñanza y lo que tus métodos deberían lograr lo que guía estas decisiones cruciales.

3. Necesitas encontrar los factores críticos de éxito que están fallando en tu contexto de enseñanza y solucionarlos

El contexto lo es todo para entender los muchos problemas que inhiben el logro. Esto se considera principalmente en el capítulo siete.

4. Necesitas revisar constantemente tu enseñanza a la luz de la evidencia anterior

El tribunal final de juicio no es la investigación académica, sino lo que funciona en tu aula. ¡Confía en tu propio juicio! Prueba una nueva estrategia al menos cinco veces para que tú y tus estudiantes os acostumbréis a ella. Pruebas muy cortas servirán. Aprende de cada uno de estos experimentos y adáptate, pero en el análisis final la mejor evidencia que tienes es tu propia información y experiencia en el aula. Por tanto, debes mantener tu práctica bajo revisión continua y convertirte en un *docente reflexivo*. Esto se considera principalmente en el capítulo nueve.

Tienes en tus manos el tipo de libro que yo anhelaba en mis primeros años de enseñanza. Uno que te dice lo que funciona mejor para tus estudiantes y para ti. Espero que no se quede en tu estantería, sino que anime tu planificación y te impulse a experimentar con tu enseñanza y con el aprendizaje de tus estudiantes.

Geoff Petty, autor de *Teaching Today, How to Teach Even Better: an evidence-based approach*[1] y *How to be Better at Creativity.*
Geoff tiene un conjunto gratuito de vídeos sobre métodos de enseñanza informada por evidencia en https://geoffpetty.com/videos/.

---

[1] Disponible en español en esta colección.

Introducción

La importancia de las evidencias científicas en la educación

La relación entre investigación educativa y práctica docente ha sido ampliamente debatida, especialmente en un contexto donde la enseñanza enfrenta retos crecientes debido a las demandas de equidad, calidad y personalización del aprendizaje. El uso de evidencias científicas en la educación busca establecer un puente entre la teoría y la práctica, aportando soluciones basadas en estudios rigurosos que puedan informar las decisiones docentes. Esto supone un cambio profundo en la epistemología docente, pasando de un enfoque basado predominantemente en la experiencia hacia uno que, sin descartar lo que la experiencia aporta, se fundamenta en el análisis crítico y la integración de conocimientos derivados de investigaciones científicas (Ferrero, 2020; Merk y Rosman, 2021).

En este sentido, de lo que se trata es de ayudar a pensar y a tomar decisiones en los distintos niveles del sistema educativo. Sin embargo, el libro que tienes entre manos está escrito pensando en los docentes, que tienen un lugar comprometido en esta cadena de toma de decisiones. Por un lado, se sitúan al final de la cadena y son, en general, poco tenidos en cuenta a la hora de elaborar planes y programas. Son considerados implementadores más que diseñadores. Se espera que interioricen una lógica programática que ha sido pensada en el máximo nivel de abstracción y la lleven al máximo nivel de concreción: mañana, un aula, este grupo de personas. Pero a la vez, esta programación nunca incorpora desglose presupuestario ni siquiera para afrontar los cambios que la misma legislación propone. Por otro lado, los docentes somos el último eslabón de la cadena, y los que concretamos qué quiere decir en el aula tal o cual idea del plan de estudios. Y con esto, tomando las decisiones más importantes: las que afectarán al aprendizaje y al bienestar del alumnado.

Resulta muy llamativa la asimetría académica, mediática e institucional en la influencia desproporcionada a los que imaginan el aula respecto a los que viven en ella.

Con todo esto queremos ofrecer el presente libro, desde la convicción de que un docente informado es el que mejor puede resistir las presiones que esta situación genera en el día a día, y en los años de desempeño profesional. Una persona capaz de justificar sus decisiones, proporcionar argumentos para su modo de actuar y relacionarse, juzgando críticamente los cantos de sirena que le proponen una solución rápida y sencilla a los problemas. En definitiva, en este libro proponemos al lector situarse a una distancia prudencial, informarse de la mejor manera posible y volver al aula. No consiste en un recetario del que podamos extraer una solución sencilla a nuestros problemas.

De lo que se trata entonces es de pensar mejor con fuentes de diversa índole, como las que irán pasando a lo largo de los sucesivos capítulos del libro. Algunas veces, estas fuentes nos hablarán del porqué educar o para quién, de los fines de la educación. Recurrimos entonces a la filosofía y a la sociología de la educación. Otras veces, estas fuentes nos hablarán del cómo aprendemos mejor, de aprender juntos o de la psicología del cuidado. Recurrimos entonces a los amplios dominios de la psicología educativa para tratar de aportar pistas en esta búsqueda.

Se trata, por tanto, de una propuesta amplia que trata de recoger, en un único volumen, diversas perspectivas. Con esto pretendemos presentarlas de manera sencilla al docente de aula. Por eso, se trata también de una invitación a leer más. Es un libro que intenta introducir otros muchos libros. Pensamos que leer libros sobre educación no solo transmite información; transforma la manera en que el profesorado entiende su propia práctica. Cada nueva lectura actúa como unas "gafas" que permiten observar las dinámicas del aula desde ángulos distintos, descubriendo matices, oportunidades de mejora y caminos alternativos que antes podían pasar desapercibidos. Esta transformación de la mirada es esencial, porque invita a cuestionar las inercias, enriquecer las estrategias y construir relaciones pedagógicas más conscientes y efectivas.

Cuando el profesorado incorpora nuevas perspectivas, su práctica deja de ser una mera repetición de métodos heredados para convertirse en una actividad deliberada y reflexiva. No se trata de abandonar la experiencia acumulada, sino de complementarla con conocimientos que la investigación educativa ha ido generando. Enseñar se convierte entonces en un proceso de diseño constante, donde cada explicación, cada actividad y cada diálogo en el aula son pensados intencionadamente para favorecer aprendizajes más profundos, duraderos y transferibles.

Además, leer de manera habitual sobre educación ayuda a mantener vivo el sentido de propósito docente. En un contexto que muchas veces empuja hacia la rutina o el desencanto, los libros ofrecen ideas frescas, preguntas provocadoras y relatos que revitalizan la vocación. Al abrirse a nuevas formas de pensar la enseñanza, el profesorado no solo mejora sus prácticas, sino que también renueva su compromiso con una educación más significativa y más transformadora para todo su alumnado.

Retos y barreras en el uso de la evidencia científica

A pesar de los avances en el uso de evidencias para mejorar la enseñanza, en nuestro contexto se observa una resistencia comprensible: ¿es esto una nueva moda pasajera? ¿Hay intereses ocultos detrás? Aunque algunas de estas críticas surgen legítimamente desde la preocupación por una implementación mal entendida o poco contextualizada, otras provienen de sectores que han ejercido durante años una fuerte influencia en la toma de decisiones educativas. Resulta paradójico que algunas voces críticas provengan precisamente de quienes han tenido el control de las políticas educativas desde perspectivas más ideológicas, estructurales o administrativas, y que ahora ven en la entrada del enfoque basado en evidencias una amenaza a su poder de influencia.

Frente a este panorama, es relevante identificar algunas de las barreras que dificultan la adopción de prácticas informadas por la investigación científica:

1. Escepticismo docente hacia la ciencia educativa

Una de las barreras más documentadas es el escepticismo de muchos docentes hacia los hallazgos de la investigación educativa. Tanto en formación inicial como en ejercicio, el profesorado tiende a confiar más en su experiencia personal o en el saber compartido entre colegas que en artículos académicos o estudios formales (Voss, 2022). Esta preferencia facilita la persistencia de creencias erróneas, como la existencia de estilos de aprendizaje, ampliamente refutados por la literatura científica (Pashler *et al.*, 2008; Rosman *et al.*, 2021).

Este escepticismo se agrava cuando la investigación no se percibe como útil o aplicable. Muchos docentes consideran que la ciencia educativa se ocupa de problemas demasiado abstractos o alejados de su realidad cotidiana (Voss, 2022), lo que refuerza la idea de una desconexión entre el mundo académico y la práctica docente.

2. Percepción de los métodos de investigación educativa como "blandos"

Existe también una percepción extendida de que las ciencias de la educación carecen del rigor propio de disciplinas como las ciencias naturales. Este juicio epistemológico, que cuestiona la objetividad y replicabilidad de sus métodos, debilita la confianza en sus hallazgos (Ferrero, 2020) y, por tanto, su capacidad para guiar la práctica docente.

3. Resistencia basada en creencias previas

Los docentes, como cualquier ser humano, tienden a mantener sus creencias adquiridas a través de la experiencia o de relatos anecdóticos. Cuando la evidencia científica entra en conflicto con estas creencias, no es raro que se cuestione la validez de dicha evidencia antes que revisar la creencia propia. Este fenómeno, descrito como "impotencia científica", puede llevar al descrédito general de la investigación como fuente válida de conocimiento (Thomm *et al.*, 2021).

En este sentido, estudios como el de Merk y Rosman (2019) muestran cómo parte del profesorado atribuye a los investigadores una imagen de "inteligentes pero malintencionados", percibiéndolos como personas competentes, sí, pero carentes de benevolencia o integridad. Esta desconfianza dificulta el diálogo entre quienes investigan y quienes enseñan.

El cambio epistemológico necesario

El cambio hacia un enfoque basado en evidencias requiere una transformación epistemológica en la manera en que los docentes perciben y utilizan el conocimiento. Tradicionalmente, el conocimiento práctico ha sido considerado suficiente para abordar los retos educativos, pero esta visión debe ampliarse para incluir conocimientos derivados de la investigación científica (Thomm *et al.*, 2021). Este cambio implica:

- **Adopción de una actitud crítica** hacia las fuentes de información, cuestionando la validez de prácticas establecidas.
- **Reconocimiento del valor de las ciencias de la educación** como complemento al conocimiento práctico, en lugar de percibirlas como un saber desconectado de la realidad del aula.
- **Formación en evaluación de investigaciones** que permita a los docentes identificar, interpretar y aplicar hallazgos científicos relevantes (Ferrero, 2020).
- **Integración en la formación inicial y continua**. Los programas de formación docente deben incluir módulos específicos sobre evaluación de investigaciones y aplicación de evidencia en la práctica educativa. Esto permitiría a los docentes en formación desarrollar habilidades para analizar críticamente la validez y relevancia de diferentes estudios (Thomm *et al.*, 2021).
- **Colaboración entre investigadores y docentes**. Establecer redes colaborativas entre universidades y escuelas puede reducir la distancia percibida entre investigación y práctica, fomentando una cocreación de conocimientos que sea aplicable en el aula (Fries *et al.*, 2021).
- **Recursos accesibles y prácticos**. Traducir hallazgos científicos en guías prácticas y accesibles puede facilitar su incorporación en la planificación. De hecho,

uno de los autores de este libro se encuentra ahora mismo tecleando estas palabras gracias a que su blog ha resultado útil e interesante para un buen número de docentes (www.investigaciondocente.com).

Para cerrar esta introducción, consideramos imprescindible señalar uno de los principales obstáculos que enfrenta el uso de evidencias en educación: la tendencia, cada vez más extendida, a ideologizar todas las decisiones pedagógicas. En nuestra experiencia, no todas las elecciones que toma un docente en su práctica cotidiana tienen la misma densidad epistemológica. Algunas decisiones —como derivar a un alumno a un programa de apoyo fuera del aula, ajustar una programación para responder a la diversidad, o adoptar un enfoque inclusivo determinado— implican cuestiones profundas sobre el sentido de la escuela, la equidad, los marcos normativos, la justicia social o el tipo de ciudadanía que queremos formar. Son decisiones que, con toda razón, están cargadas de valores, de implicaciones éticas y de posicionamientos políticos.

Sin embargo, también hay decisiones que, aunque tienen consecuencias importantes, pueden y deben analizarse con criterios más técnicos o basados en evidencias disponibles. Elegir si es mejor espaciar la práctica o concentrarla en un solo bloque, si conviene ofrecer retroalimentación inmediata o diferida, o si una rúbrica es más útil que una escala numérica para valorar un trabajo, son elecciones que no deberían quedar cautivas de una visión ideológica, sino nutrirse de la mejor información empírica que tengamos. En estos casos, el debate no debería centrarse en nuestras preferencias personales o en banderas identitarias, sino en qué opción tiene más probabilidades de beneficiar el aprendizaje del alumnado. Cuando todo se convierte en una toma de postura, corremos el riesgo de renunciar al escepticismo organizado que caracteriza el pensamiento científico: ese que nos invita a preguntar, buscar contradicciones, considerar alternativas y demandar evidencias.

En este contexto, promover una cultura profesional que distinga entre decisiones impregnadas de valores y decisiones susceptibles de ser guiadas por evidencias no solo es deseable, sino también urgente. No para despolitizar la educación —que, como toda actividad humana, está inevitablemente atravesada por valores y fines—, sino para evitar una politización excesiva que paraliza el análisis crítico y vuelve sospechosa cualquier apelación al conocimiento acumulado. La ciencia no puede decirnos qué deberíamos valorar, pero sí puede ayudarnos a ver con más claridad qué funciona, para quién, en qué condiciones y con qué límites. En ese punto de encuentro entre la deliberación ética y la indagación empírica es donde creemos que puede florecer una práctica educativa más rigurosa, más reflexiva y, en última instancia, más justa.

En definitiva, no todas las decisiones docentes requieren ese mismo nivel de deliberación ideológica. Elegir comenzar una clase con una breve evocación de aprendizajes anteriores, usar una rúbrica para fomentar la autorregulación del alumnado o planificar una secuencia con ejemplos concretos no constituyen necesariamente posicionamientos filosóficos, sino intentos prácticos —y muchas veces urgentes— de mejorar el aprendizaje en contextos reales. Decidir utilizar una técnica respaldada por la evidencia no convierte al docente en defensor acrítico del cientificismo educativo, del mismo modo que cuestionar una práctica no lo convierte en enemigo de la transformación social. Si convertimos cada decisión en un campo de batalla ideológico, corremos el riesgo de inmovilizar la práctica profesional en debates abstractos, alejados de las necesidades cotidianas del aula, y, lo que es peor, de aislar al profesorado que busca herramientas concretas para hacerlo mejor.

La educación, sin duda, tiene una dimensión política —porque forma personas, moldea futuros y refleja nuestras visiones del mundo—, pero no puede reducirse únicamente a esa dimensión. También es oficio, es práctica reflexiva, es toma de decisiones situada en contextos complejos, es ensayo y error. Y, sobre todo, es mejora continua. Un enfoque verdaderamente transformador será aquel que utilice la política no como trinchera, sino como puente: que construya consensos, que fomente el diálogo entre evidencias y valores, entre lo que sabemos que funciona y lo que creemos que es justo. Porque si la educación ha de ser política, entonces que lo sea en el mejor sentido del término: como herramienta para avanzar juntos, no para empantanarnos en discusiones que nos paralizan.

En un momento en que la educación enfrenta múltiples desafíos —desde la desigualdad en los resultados del aprendizaje hasta la sobrecarga de información sobre "buenas prácticas" docentes—, el enfoque informado en evidencias se presenta como una herramienta clave para tomar decisiones pedagógicas más efectivas y equitativas. A diferencia de las iniciativas basadas en intuiciones, modas o políticas transitorias, este enfoque se apoya en hallazgos provenientes de la investigación científica para orientar tanto la enseñanza como el aprendizaje. Adoptar este marco no significa seguir recetas universales, sino más bien contar con una brújula confiable que permita a los docentes adaptar estrategias a sus contextos reales, con mayor claridad sobre qué funciona, cómo y para quién.

Capítulo uno

El concepto de evidencia

Los fenómenos sociales y educativos existen, sobre todo, en la mente de las personas y en la cultura de los grupos que interaccionan en la sociedad o en el aula, y no se pueden comprender a menos que entendamos los valores e ideas de quienes participan en ellos. Aunque en los fenómenos educativos podemos encontrar pautas comunes, elementos convergentes, aspectos que se repiten..., las generalizaciones que se extraigan de su comprensión no pueden aplicarse mecánicamente ni al conocimiento ni a la predicción y control de otras realidades educativas, otras aulas u otras experiencias, puesto que el significado de aquellas es en parte situacional y se especificará ahora de manera distinta, propia y particular de este grupo social de estudiantes, docentes, padres, en este barrio y centro concretos.

Ángel I. Pérez Gómez (Pérez Gómez, 1994)

La investigación en educación

Son muy diversas las disciplinas que estudian el hecho educativo. En el gráfico 1 podemos ver el modelo propuesto por Antoni Zabala (Zabala Vidiella, 2020) para clasificar los niveles de análisis del hecho educativo según cuál es el objeto de estudio.

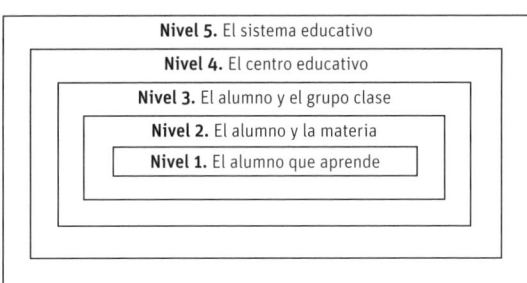

Gráfico 1. *Niveles de análisis del hecho educativo según el objeto de estudio.*

En los tres primeros niveles, centrados en el sujeto que aprende, su relación con las materias y con el grupo clase, encontramos disciplinas como:

a) **La neurobiología,** que estudia cómo el sistema nervioso actúa de soporte físico del aprendizaje.

b) **La psicología cognitiva,** que estudia cómo el cerebro obtiene, manipula y almacena la información.

c) **La psicología educativa,** que estudia los procesos de aprendizaje en contextos reales a partir de las aportaciones de la psicología cognitiva, la psicología evolutiva, la psicología del desarrollo, etc.

d) **La didáctica general,** que lleva la investigación al aula para estudiar los procesos de enseñanza y aprendizaje y ver el impacto de metodologías (ABP, retos...) o técnicas concretas (*feedback*, exposición oral...).

e) **Las didácticas específicas,** que serían la concreción de la psicología educativa y la didáctica general en un área específica de conocimiento (didáctica de las matemáticas, didáctica de las ciencias experimentales, ...).

Dado que el estudiante no es un ser abstracto aislado de su entorno concreto, en estos niveles de análisis debemos también tener en cuenta los aportes de las disciplinas que estudian la influencia de los factores contextuales y de entorno (familiares, sociales, económicos, culturales, ...) en el aprendizaje del alumnado.

Más allá del aprendiz, tomando como objeto de estudio el centro educativo, se desarrollan también investigaciones sobre gestión y organización escolar, y aún a un nivel superior, estudios sobre el sistema educativo en su conjunto, a veces, incluso, de alcance internacional (el caso más paradigmático serían las pruebas PISA). En estos campos hace sus aportaciones un amplio abanico de ciencias sociales, como la sociología de la educación, la economía de la educación, la gestión y administración de organizaciones educativas (públicas y privadas) o las ciencias políticas.

Deberían añadirse, además, aquellos campos del conocimiento (filosofía, ética, epistemología, política) que hacen sus aportaciones a niveles más abstractos y conceptuales, sobre la educación en sí misma y su sentido en la sociedad, y sobre la misma investigación en educación.

Es conveniente remarcar que la investigación en estas disciplinas, como en todos los ámbitos de la ciencia, se produce en contextos institucionales concretos y diversos[2], que no son ajenos a las tensiones de las instituciones humanas: intervienen intereses institucionales, políticos, ideológicos, sociales, económicos, de financiación, de grupo, personales, ... en la elección de qué se investiga, cómo se investiga

---

[2] Facultades universitarias, organismos gubernamentales, organismos internacionales de carácter diverso, fundaciones públicas y privadas, empresas educativas, ... y, por supuesto, en los propios centros educativos.

y cómo se aprovechan y difunden los resultados obtenidos. Por poner algunos ejemplos, no es lo mismo una investigación llevada a cabo por una gran empresa tecnológica sobre el uso escolar de recursos digitales en la nube, que una evaluación internacional como PISA (promovida por la OCDE —Organización para la Cooperación y el Desarrollo Económico—), que la desarrollada por un grupo de investigación de una facultad de educación sobre el impacto de las actividades extraescolares en el abandono escolar temprano llevada a cabo en un grupo de escuelas rurales de la España vaciada, que la llevada a cabo por un grupo de maestros de tercer ciclo de Educación Primaria sobre el impacto de la implantación de un programa de trabajo cooperativo en sus clases.

Si se tiene en cuenta que, además, en la mayoría de las disciplinas de investigación hay marcos teóricos y metodológicos diversos, se entiende la enorme dificultad de establecer evidencias científicas en educación. En el fondo, esta dificultad tiene sus raíces en la enorme complejidad del propio acto educativo en entornos escolares y en la dificultad de definir, medir y comparar los resultados educativos cuando se quiere ir más allá de los aprendizajes medibles en pruebas estandarizadas (pensemos, por ejemplo, en el pensamiento crítico, la capacidad de autorregulación del aprendizaje o la capacidad de resolución de retos complejos, o en aquellos aspectos relacionados con los valores y actitudes: cooperación, participación democrática, inclusión, emprendimiento, …).

La complejidad comentada no debería alejarnos de la investigación educativa, sino que debería empujarnos a comprenderla mejor y a utilizar sus resultados de una manera más estratégica: como uno de los *inputs* fundamentales en la toma de decisiones al elegir nuestras prácticas educativas.

Estudios cualitativos y estudios cuantitativos

No es pretensión de este libro profundizar en la metodología de la investigación educativa, pero sí que nos parece importante que los docentes estemos familiarizados con algunos elementos necesarios para poder traspasar los resultados de la investigación a nuestra práctica habitual.

Para ello, a continuación, se describen someramente algunos elementos fundamentales sobre investigación educativa, centrados sobre todo en aquellos aspectos relacionados con la investigación "a pie de aula" que ha tenido más relevancia en el marco de la educación informada por evidencias. Sirva el cuadro adjunto (Sabariego Puig, 2019) para ofrecer una síntesis inicial de la complejidad de los paradigmas desde los que se efectúa la investigación educativa, con sus objetivos, metodologías, métodos y técnicas de obtención y tratamiento de la información.

Paradigma	Objetivo	Metodología	Métodos	Técnica
Positivista	Explicar, relacionar y predecir variables	M. Empírico-analítica M. Cuantitativa	• Experimental • Cuasi-experimental • Ex-post-facto	Instrumentos (cuantificación de los datos): test, cuestionarios, escalas de medida, observación sistemática.
Interpretativo	Comprender	M. Humanístico-Interpretativa M. Cualitativa	• Investigación etnográfica • Estudio de casos • Teoría fundamentada • Investigación fenomenológica	Estrategias para la obtención de información cualitativa: observación participante, entrevista en profundidad, diario, análisis de documentos. El investigador es el principal instrumento de obtención de la información.
Crítico	Cambiar, transformar	M. Sociocrítica	• Investigación-acción: participativa, colaborativa • Investigación evaluativa	Compagina los instrumentos y las estrategias de naturaleza cualitativa.

Tabla 1. *Síntesis de paradigmas en investigación educativa* (Sabariego, 2019).

Para cada una de estas metodologías, métodos y técnicas se han desarrollado protocolos de investigación que pretenden garantizar el rigor de las preguntas de partida, de los procesos desarrollados, de los resultados y de las conclusiones obtenidas.

Simplificando muchísimo la información de la tabla 1, podríamos decir que hay dos tipos principales de estudio que se llevan a cabo en educación: los de base cualitativa y los de base cuantitativa.

En los **estudios de base cualitativa** se pretende "observar para comprender" los efectos que produce una determinada intervención o configuración educativa. En estos casos, dado que quien investiga debe acercarse a, o introducirse[3] en la realidad para poder observarla, el diseño de la investigación deberá tener muy en cuenta la influencia que sobre los resultados tendrán tanto las creencias de todos los participantes como la interacción entre el investigador y las personas que forman parte del

---

[3] Habría que matizar que, si se trabaja desde un paradigma crítico, se busca "comprender y cambiar", y el investigador puede ser parte activa de la misma realidad que se investiga.

grupo investigado. Para preservar su rigor y calidad se han desarrollado diversos protocolos de diseño de investigación, que deben cumplir cuatro criterios fundamentales (Dorio Alcaraz, Sabariego y Massot Lafon, 2019): *credibilidad* (asegurar que los resultados se ajustan a la realidad), *transferibilidad* (la información obtenida puede ser utilizada para la intervención en otros contextos), *dependencia* (que exista fiabilidad en los datos obtenidos y que estos sean consistentes con la realidad que pretenden describir) y *confirmabilidad* (la información obtenida tiende a la objetividad y la neutralidad, y existe consenso sobre ella tanto entre los investigadores como con los participantes).

Los **estudios de base cuantitativa** que se llevan a cabo pueden ser de dos tipos: experimentales o *ex post-facto*.

Los estudios **experimentales** pretenden evaluar el impacto de una determinada actuación, estableciendo, si se puede, relaciones de causalidad entre las variables estudiadas. Para ello, suelen partir de grupos equivalentes de sujetos, para medir el cambio de los valores de una variable dependiente después de una intervención sobre una variable independiente. Un ejemplo ayudará a clarificar esta idea: imaginemos que queremos evaluar el impacto de un programa de mejora de la velocidad lectora en alumnos de 3.º de Educación Primaria en un centro educativo de cuatro grupos por nivel. Una posibilidad sería seleccionar al azar dos grupos (grupo experimental) a los que se aplicaría el nuevo programa durante dos sesiones de 30 minutos a la semana, durante 3 meses, y dos grupos que no seguirían el programa (grupo de control). Se utilizaría como variable dependiente la velocidad lectora y como variable independiente el programa que se ha aplicado. Se mediría la velocidad lectora de todo el alumnado, con el mismo test, antes y después de la aplicación del programa, y mediante un estudio estadístico cuidadoso se mediría si se ha producido un cambio significativo en la velocidad lectora del alumnado que ha recibido la intervención respecto al que no.

Este tipo de estudio requiere también de diseños metodológicos rigurosos para solventar los tres principales problemas que pueden presentar: la fiabilidad de la medida (que lo que se mide se corresponde realmente con lo que se quiere medir —en nuestro ejemplo, que el test de velocidad lectora mida bien esta velocidad—), el control de variables (para garantizar que el efecto que se describe corresponda realmente a la intervención llevada a cabo, y no a otros aspectos —en nuestro caso se debería garantizar, por ejemplo, que el horario en que se realiza la intervención o las habilidades del docente que lo imparte no van a afectar a su impacto) y la selección y asignación de participantes en grupos de intervención y grupos de control (en nuestro ejemplo podría pasar que la interacción del docente con el grupo al utilizar el método sea un factor clave, o que los grupos no sean equivalentes en su composición) . Entre los diseños experimentales destaca por su solidez el conocido como *ensayo controlado aleatorizado* (ECA), que se esquematiza en el cuadro adjunto.

Ensayo controlado aleatorizado (ECA)

• El ECA es un tipo de estudio experimental en el que se divide la muestra que se ha de estudiar en dos grupos, aleatoriamente, de manera que un grupo actúa como grupo de control y el otro cómo grupo experimental, que es el único que va a recibir la intervención que se está estudiando.

• Se hacen medidas sobre las variables que se han de estudiar antes y después de la intervención.

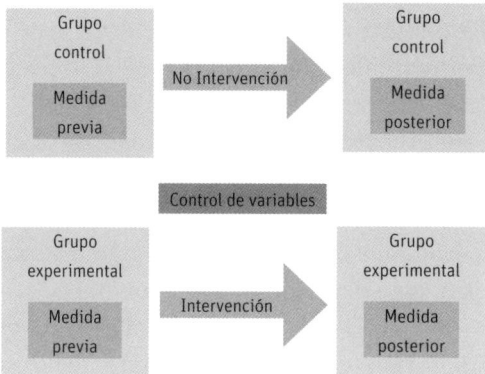

• Se comparan estadísticamente las variaciones en los resultados de los dos grupos, para decidir si la intervención ha tenido algún efecto estadísticamente significativo.

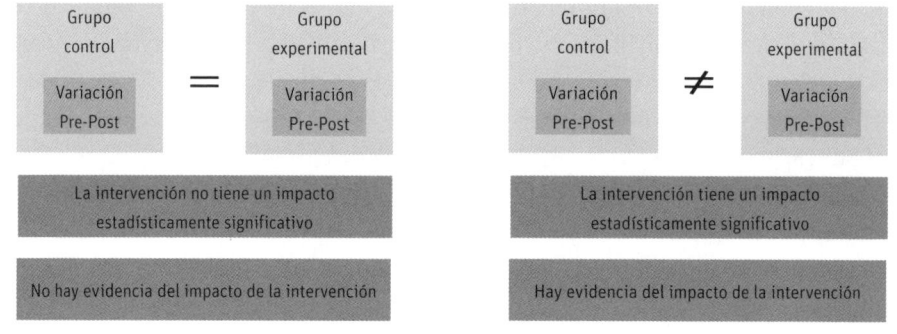

• Se dice que un efecto es estadísticamente significativo cuando la variación observada en la variable probablemente no se debe al azar, lo que sugiere que la intervención tiene algún impacto. Es crucial entender que la significación estadística por sí sola no informa sobre la magnitud o relevancia práctica de ese impacto, y de hecho es cada vez menos valorada en la investigación cuantitativa.

• Para evaluar adecuadamente la importancia real de una intervención, es esencial considerar el tamaño del efecto (TE). El tamaño del efecto proporciona una medida cuantitativa que indica la magnitud del impacto observado, permitiendo clasificarlo como pequeño, mediano o grande. Por tanto, aunque la significación estadística nos puede ayudar en algunos casos a determinar si existe un efecto, el tamaño del efecto es fundamental para comprender la importancia práctica o clínica de dicho efecto.

La segunda gran familia de estudios cuantitativos son los estudios *ex post-facto* (literalmente: después de los hechos). Son un conjunto de tipologías de estudios que pretenden describir cuidadosamente los fenómenos educativos, sea en un momento dado (estudios descriptivos), como en su evolución temporal (estudios de desarrollo), para identificar variables relevantes y distinguir, si es posible, relaciones de correlación (estudios correlacionales) o causales entre ellas (estudios comparativo-causales). Este enfoque "respeta el fenómeno tal como se produce en su ámbito natural y no pretende ni trata de manipular la realidad. Todo ello le otorga una capacidad ilimitada de actuar en ámbitos donde el ser humano es el centro y no sería ético actuar de otra manera a la par que no artificializa los fenómenos y recoge así la información en toda su riqueza" (Mateo Andrés, 2019).

Un ejemplo de estudio *ex post-facto* sería un estudio que se propusiera analizar cuáles son los factores que influyen en el abandono escolar temprano[4] en una ciudad concreta. Está claro que no existe la posibilidad inicial de intervenir "experimentalmente", ya que el estudio debe hacerse sobre personas mayores de 18 años. En cambio, sí que es posible hacer un estudio de base estadística que analice, para jóvenes entre 18 y 24 años de la ciudad, cuáles han sido los factores más determinantes en el abandono temprano. Las conclusiones del estudio nos darían una información valiosa para desarrollar alguna intervención en el período de escolarización para reducir el abandono escolar. De hecho, este también es un buen ejemplo para poner de relieve la necesaria prudencia en el uso de los resultados de la investigación educativa, ya que no es nada seguro que lo que haya ocurrido en el pasado tenga que seguir ocurriendo necesariamente de la misma manera, y que intervenir a partir de los datos vaya a ser eficaz. Para ello es sumamente importante recordar que la investigación (la cualitativa y la cuantitativa) se desarrolla y se interpreta en marcos teóricos concretos, que incluyen tomas de posición tanto sobre el hecho educativo como sobre su investigación. En nuestro ejemplo, deberíamos poder valorar, pongamos por caso, el impacto sobre los años de escolarización de aspectos contextuales (los cambios educativos, sociales, económicos, culturales, … que se pueden haber producido en la ciudad a lo largo de los años) y educativos (impacto de la repetición de curso sobre la escolarización, por ejemplo).

Es pertinente, también, mencionar que las relaciones de causalidad y de correlación entre variables son profundamente distintas. Que dos variables estén correlacionadas nos indica que es correcto, estadísticamente, decir que experimentan cambios a la vez, pero eso no significa que el cambio de una de ellas sea la causa del cambio en la otra. Un ejemplo sencillo de variables que correlacionan y que no son

---

[4] Se considera que existe abandono escolar temprano cuando una persona que tiene entre 18 y 24 años no ha completado la educación secundaria de segunda etapa (FP o Bachillerato) o ha finalizado la ESO y no sigue ningún tipo de educación.

causa una de la otra son el peso y la altura de un bebé en sus primeros años de vida: se han establecido, con una amplia validez estadística, relaciones de correlación entre estas variables, pero la causa del cambio conjunto de estas variables dependerá de otros factores (genéticos, la alimentación, el entorno, etc.).

Cabe señalar que la comunidad científica nacional e internacional se dota de mecanismos de transparencia y análisis crítico en la difusión de las investigaciones: revistas científicas[5], revisión entre pares, jornadas, seminarios y congresos a diversa escala, ..., con la finalidad de que los resultados más sólidos y relevantes tengan un mayor impacto y difusión. Aun con todas sus imperfecciones, estos mecanismos tienden a garantizar unos más que aceptables estándares de rigor.

Revisiones de estudios

Dado el enorme número de estudios que se llevan a cabo y su variedad temática y metodológica, grupos de investigadores de universidades, de organizaciones gubernamentales, de organismos internacionales o de iniciativas público-privadas empezaron, a principios de siglo, a llevar a cabo revisiones de los estudios publicados, con el fin de:
- Sintetizar la información disponible en un conjunto de estudios determinado.
- Incrementar la validez estadística de las conclusiones.
- Identificar posibles áreas de incertidumbre en las conclusiones de los ensayos.

Para ello, se desarrollaron y protocolizaron una serie de procedimientos, entre los que destacamos los siguientes:

a) **Revisión narrativa:** busca conocer el número y la tipología de estudios realizados en torno a un aspecto concreto, así como sus conclusiones, sin realizar generalizaciones respecto a estas. Ofrecen una panorámica sobre el estado de la investigación en un campo concreto.

b) **Revisión sistemática[6]:** estudio que utiliza los resultados de otros estudios para dar una respuesta concluyente a una pregunta de investigación rigurosamente formulada. En algunos casos, estas revisiones incluyen un metaanálisis[7] de los

---

[5] Con mecanismos de control como los factores de impacto de las revistas (que nos dan una idea de la calidad media de los artículos que en ellas aparecen) o los índices de citas de los artículos (que nos dan una idea cuantitativa de la recepción que ha tenido en la comunidad científica un determinado artículo a partir de las veces que ha sido citado en otros artículos).

[6] El artículo (Sánchez-Meca, 2022) ofrece una descripción exhaustiva de las revisiones sistemáticas y los metaanálisis, que nos parece muy relevante dada la importancia que tienen en la educación informada por evidencias

[7] Ver el cuadro de la página 32 sobre metaanálisis.

datos y resultados de las investigaciones originales, elaborado con herramientas estadísticas complejas, que proporcionan una mayor solidez a las conclusiones obtenidas.

c) **Síntesis de la mejor evidencia:** es un tipo de revisión sistemática en el que la elección de los estudios de base se lleva a cabo con unos criterios de calidad previamente establecidos, generalmente relacionados con el rigor de su diseño metodológico. Este tipo de revisiones suelen incluir metaanálisis cuidadosos a partir de una base de ensayos controlados aleatoriamente (ECA).

d) **Metaetnografía:** busca construir puentes de significado entre diversos estudios cualitativos para proponer interpretaciones generales, normalmente a partir de estudios etnográficos y de caso.

Las revisiones de estudios metodológicamente rigurosas son una fuente especialmente sólida de información que tener en cuenta para la toma de decisiones en educación, ya que nos permiten identificar factores que han tenido una gran relevancia en contextos educativos diferentes. Por poner un ejemplo ya clásico, diversas revisiones sistemáticas convergen sobre la importancia de trabajar a partir de los conocimientos previos del alumnado en el momento de iniciar el estudio de un tema, por lo que hay un consenso generalizado en que este es un elemento imprescindible en cualquier secuencia didáctica de calidad (lo que, sin embargo, no garantiza que en la práctica habitual de aula se explote todo el conocimiento acumulado por la investigación sobre cómo activar los conocimientos previos del alumnado para un mejor aprendizaje).

Una de las mayores dificultades en las revisiones es cómo evitar o minimizar los sesgos en la elección y uso de los estudios de base que se utilizan. Los sesgos no son un defecto individual del investigador, sino un fenómeno sistemático. Por poner un ejemplo, Nickerson (Nickerson, 1998) documenta el sesgo de confirmación —la tendencia a favorecer la información que valida nuestras creencias previas— como una constante en la producción científica. Este sesgo también opera en el ámbito de la educación, cuando se seleccionan estudios que validan ciertas metodologías y se omite sistemáticamente la evidencia contraria. De hecho, por ejemplo, la literatura sobre el aprendizaje basado en proyectos y (Ferrero, Vadillo y León, S.P., 2021) o las inteligencias múltiples (Ferrero, Vadillo y León, S.P., 2021) ha sido analizada por Samuel Parra y colaboradores mediante metaanálisis que no investigan la eficacia de dichas aproximaciones, sino que aportan pruebas de que las publicaciones existentes son sesgadas y de rigor más que discutible.

Metaanálisis

- El término metaanálisis "se refiere al uso de métodos estadísticos sofisticados que permiten la combinación y análisis de los resultados obtenidos por diferentes estudios que examinan la pregunta, con el objeto de integrar los diferentes hallazgos" (Hederich Martínez, Martínez Bernal y Rincón Camacho, 2014).

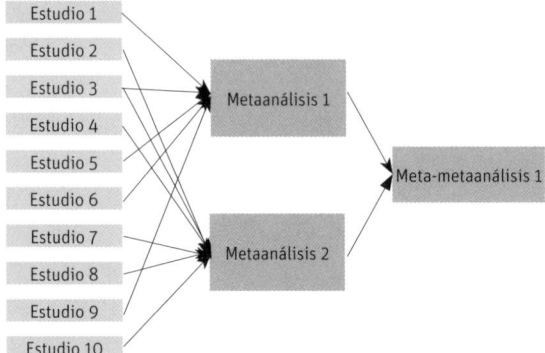

- Los metaanálisis se utilizan en investigación educativa para evaluar la eficacia de programas, intervenciones, técnicas, …, pero también para sintetizar estudios correlacionales y determinar la fuerza de las correlaciones observadas o para comparar grupos con alguna característica concreta con los resultados de la población en su conjunto (impacto del género o de algún tipo específico de trastorno de aprendizaje, por ejemplo).
- En la realización de un metaanálisis se distinguen las siguientes fases:
  1. Formulación de la pregunta de investigación.
  2. Definición de los criterios de selección de los estudios que se van a incluir en el metaanálisis.
  3. Búsqueda y localización de los estudios.
  4. Extracción de la información de los estudios.
  5. Medida del resultado de los estudios, a partir de índices estadísticos que miden el tamaño del efecto correspondiente a la intervención que se está estudiando.
  6. Síntesis e interpretación de los resultados.
  7. Redacción del metaanálisis.
- En Sánchez-Meca, (2022) puede encontrarse una descripción detallada de cada una de las fases, y enlaces a diversos modelos internacionales de calidad que se han propuesto para garantizar su corrección metodológica. Como concluye el autor: "las RSs [revisiones sistemáticas] y los MAs [metaanálisis] constituyen un tipo de revisión idóneo para desvelar el estado del arte sobre un determinado problema o fenómeno (educativo, psicoeducativo, psicológico, práctico, …). No obstante, es preciso analizar críticamente las RSs/MAs, ya que pueden estar sujetas a diversos sesgos. Una correcta definición de los criterios de selección de los estudios, una búsqueda comprehensiva de los estudios y una valoración de la calidad metodológica de los mismos son aspectos centrales para obtener conclusiones razonadas de los MAs".

A modo de conclusión: evidencias en educación

Una de las pretensiones de esta primera parte era establecer unos significados compartidos sobre la investigación educativa para poder contestar a la pregunta de qué entendemos por "evidencia" en educación. Para ello:

- Hemos propuesto un modelo de cinco niveles de análisis del hecho educativo (el sujeto que aprende, su relación con las materias y con el grupo clase, el centro educativo y el sistema educativo).
- Hemos visto que hay múltiples disciplinas que investigan el hecho educativo (neurobiología, psicología cognitiva, psicología educativa, didáctica general y específica, sociología, economía, ciencia política, filosofía, ética, epistemología…).
- Hemos visto que la investigación educativa es una actividad realizada por múltiples agentes y contextos institucionales, con sus propias lógicas e intereses.
- Hemos visto que hay diferentes paradigmas desde los que se aborda la investigación, con sus propios marcos teóricos y metodológicos.
- Hemos descrito los modelos de estudio cuantitativo y cualitativo, cuyas aportaciones hay que valorar a partir de los criterios de rigor metodológico consensuados por la comunidad científica.
- Hemos propuesto que las revisiones de estudios sólidas metodológicamente (en particular las revisiones sistemáticas y los metaanálisis) ofrecen los mejores resultados que nos puede dar la investigación sobre los hechos educativos.

Ahora bien, dado que la educación es una actividad eminentemente práctica, los resultados de la investigación serán buenos en tanto en cuanto nos ayuden a mejorar esta práctica, es decir, nos ayuden a mejorar la toma de decisiones en educación.

En este contexto de toma de decisiones, nos parece adecuado llamar **evidencias**[8] a los resultados de la investigación educativa que estén sólidamente apoyados por estudios o revisiones rigurosos metodológicamente y que parecen adecuados para ayudarnos en la resolución de un problema que se nos plantea en nuestro contexto concreto.

En consecuencia, la expresión *educación informada por evidencias* por la que hemos optado en el libro se debe interpretar como una visión de la educación en la que la toma de decisiones tiene en cuenta los resultados de la mejor investigación científica disponibles en un momento concreto.

La educación informada por evidencias

El nacimiento oficial de la Educación Basada en Evidencias (EBE) tuvo lugar en la conferencia de David H. Hargreaves *Teaching as a Research-Based profesion: possibilities and pros-*

---

[8] El término *evidencia*, que se utiliza usualmente en la bibliografía, en una traducción literal del inglés *evidence*, se corresponde con el sentido, en español, de "existencia de pruebas para sustentar un enunciado científico", y se aleja de la acepción de "certeza clara y manifiesta de la que no se puede dudar".

pects (Hargreaves, 1996), donde este constataba que "la enseñanza no es actualmente una profesión basada en la investigación". Hargreaves proponía que la educación debía asemejarse a la Medicina Basada en Evidencias (MBE), donde la resolución de un caso clínico concreto tiene que ver con un proceso en cinco pasos (Tejedor, 2007):

a) Formular la pregunta a partir del problema clínico que se ha de analizar.

b) Buscar de una manera sistemática las evidencias disponibles en la bibliografía.

c) Evaluar críticamente dichas evidencias, la validez y utilidad de sus resultados.

d) Poner en práctica los hallazgos obtenidos.

e) Evaluar la calidad de nuestra práctica habitual.

En este planteamiento, a la intuición y la experiencia se les añade la necesidad de contar con un conocimiento exhaustivo de la evidencia médica para el diseño y ejecución de los tratamientos. Esto exige desarrollar nuevas habilidades para la toma de decisiones, a menudo en equipo, a partir de la lectura crítica de la literatura médica.

En educación, un enfoque análogo se desarrollaría en los años posteriores a la conferencia de Hargreaves, no sin polémicas notables (Hederich Martínez, Martínez Bernal y Rincón Camacho, 2014).

La Educación Basada en Evidencias experimentó un impulso determinante cuando, a partir del año 1998, las políticas educativas impulsadas por los Gobiernos de Estados Unidos pusieron el énfasis en financiar prioritariamente aquellos programas que se sostuvieran sobre una "investigación con base científica", entendiendo que esta es una investigación con "procedimientos rigurosos, sistemáticos y objetivos para obtener conocimiento válido, que incluye investigaciones que se evalúan mediante diseños experimentales o cuasiexperimentales, preferiblemente con asignación aleatoria" (Slavin, 2002).

A partir de ese momento se dieron, al menos, tres efectos importantes: se produjo un importante impulso en la investigación educativa en todo el mundo, se fue priorizando la investigación educativa con enfoques cuantitativos[9] y se intensificó el uso de los resultados de la investigación en la determinación de las políticas públicas en educación.

En cuanto a las políticas educativas, no hay duda de que la investigación puede proporcionar resultados que ayuden a mejorar la configuración y organización del sistema en todos sus niveles (infraestructura, equipamiento, personal, ...), la organización de la enseñanza y los desarrollos curriculares, las políticas de formación

---

[9] Cabe señalar que no es ajena a este proceso la generalización de los dispositivos tecnológicos que permiten de una forma relativamente fácil acceder a la recogida, almacenamiento y manipulación de grandes volúmenes de datos. La investigación educativa no iba a ser ajena al proceso de *datificación* que se produjo en tantos ámbitos de la sociedad, en particular en la toma de decisiones políticas y su evaluación a gran escala.

inicial y desarrollo profesional docente, …, aunque tampoco hay duda de que en estos ámbitos, la complejidad del análisis, el alcance de las decisiones, las limitaciones de recursos, las tradiciones y las inercias de los sistemas, y el carácter inevitablemente ideológico de las finalidades que se persiguen, dificultan sobremanera la adopción de medidas basadas en los resultados de la investigación.

Es más dudoso si debe intervenirse y de qué manera desde la política educativa en la promoción o prescripción de prácticas concretas: ¿qué prácticas deben prescribirse desde las administraciones educativas? ¿Cómo deben hacerse estas prescripciones para que se lleven a cabo efectivamente en los centros educativos? ¿Qué papel debe tener y cómo debe ser la formación inicial y permanente de docentes en este marco? ¿Por qué modelo de colectivo profesional y de profesional educativo se está optando? Estas y otras preguntas similares nos parece que están lejos de poderse resolver, al menos actualmente, desde la investigación. En todo caso, sí que nos parece que tiene sentido preguntarse cómo pueden los profesionales de la educación tomar sus decisiones teniendo en cuenta la evidencia científica.

Excursus: investigación educativa y empresas

En las últimas décadas, el gasto total en educación a escala mundial (Banco Mundial y Unesco, 2024) ha crecido de manera muy importante, situándose en 5,8 billones de dólares en el año 2022, habiendo aumentado un 23 % respecto del valor del año 2010. Este aumento del gasto ha disparado los intereses empresariales privados en el mundo de la educación, y se ha producido la entrada de nuevas empresas (las de tecnología educativa, por ejemplo) en competencia con las ya tradicionales (libros de texto, material escolar, servicios). En este contexto de aumento de la competencia, muchas de las empresas han utilizado los resultados de la investigación (educativa y no educativa) como parte de sus estrategias de diseño de productos y también como argumento de posicionamiento y *marketing*.

Esto ha tenido un cierto efecto distorsionador sobre la investigación al menos por tres motivos: el primero es que no pocas de estas empresas tienen capacidad financiera para influir sobre qué se investiga y quién lo investiga; el segundo es que estas empresas tienen capacidad de difundir su investigación sin tener que pasar por el sistema de controles de la comunidad investigadora; el tercero es que los intereses económicos pueden afectar al uso de los protocolos que se utilizan para garantizar el rigor de la investigación. Y ha tenido un efecto distorsionador también en la percepción del profesorado sobre los productos (metodologías, materiales, recursos, dispositivos…) que se le ofrecen, ahora pretendidamente avalados por la evidencia científica. Dificultando, un poco más, la toma de decisiones y dando un argumento más para que los docentes sean capaces de valorar críticamente los resultados de la investigación educativa.

Modelo funcional de la Educación Informada por Evidencias

Considerando que la investigación educativa ha experimentado una gran expansión desde finales del siglo xx y que los docentes tienen a su disposición buenos repositorios de evidencias a los que acudir en el proceso de la toma de decisiones sobre sus prácticas, conviene recordar que la incorporación de la evidencia científica tiene que hacerse compatible con la "experiencia del profesor y las características individuales y contextuales de los estudiantes [...]. Con esto queda plasmada la intención de alejarse de la eventual deshumanización de la práctica profesional en educación. Se quiere hacer énfasis en que no tiene sentido enfrentar la experiencia y la evidencia en la medida en que son complementos que pueden enriquecerse mutuamente" (Hederich Martínez, Martínez Bernal y Rincón Camacho, 2014) Para ello, proponen un modelo funcional en el que la decisión educativa es el fruto conjunto de la evidencia científica, la experiencia del profesor y los intereses y necesidades de los estudiantes.

Modelo cíclico para la toma de decisiones

El modelo funcional expuesto pone de relieve los diferentes elementos que intervienen en la decisión educativa, pero nos parece conveniente esquematizar cómo este modelo se puede hacer operativo en un centro educativo. Para ello, a continuación, se expone un modelo cíclico para la toma de decisiones docentes, que concretamos en cinco fases:

1. **Analizar las necesidades e intereses del alumnado** en nuestro contexto concreto y establecer los objetivos para la futura intervención.

2. **Explorar los resultados de la investigación educativa** para elegir aquellas prácticas que han mostrado, en otros contextos, un mayor impacto en la consecución de los objetivos que nos proponemos.
3. **Diseñar y llevar a cabo la implementación**, teniendo en cuenta los condicionantes hallados por la investigación, de la práctica elegida y de cómo vamos a medir o valorar su impacto sobre el aprendizaje del alumnado.
4. **Evaluar el impacto sobre el aprendizaje**, generando una evidencia interna del grado de consecución de los objetivos que nos habíamos propuesto. La pregunta clave sería: *¿Qué hemos aprendido como docentes?*
5. **Tomar decisiones de mejora de esa práctica** a partir de la evaluación efectuada.

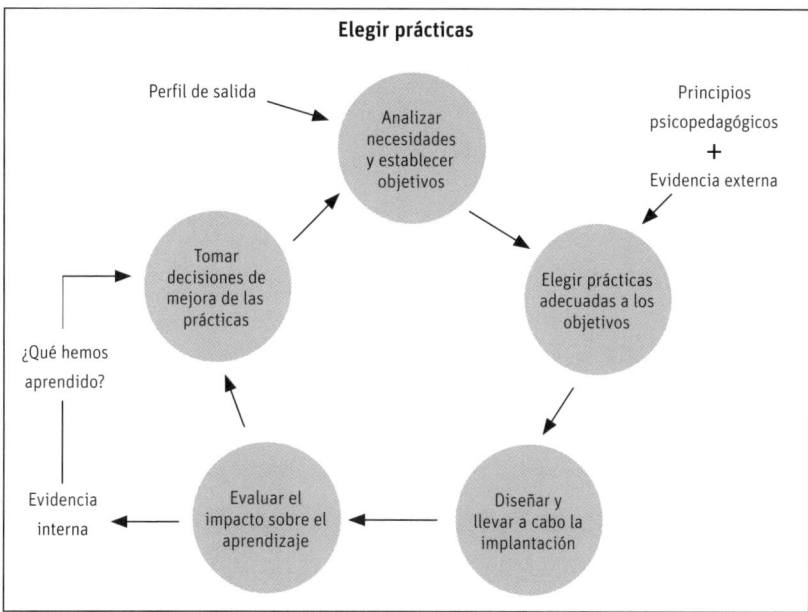

El modelo parte de cuatro ideas principales:

- La mejora de la práctica educativa tiene que ser un proceso cíclico de mejora continua.
- La elección de nuestras prácticas debe incorporar los referentes ideológicos, sociales y políticos concretados en el perfil de salida del alumnado[10] y tiene como propósito último acercarnos a su consecución para todo el alumnado.
- El modelo presupone un doble compromiso con la evidencia del equipo docente que lleva a cabo la implantación:

---

[10] En el capítulo dos desarrollamos en detalle la idea de perfil de salida.

- Un compromiso con la evidencia científica externa, ya que se opta por la elección de prácticas contrastadas por la investigación educativa, que se transfieren al propio contexto sin desvirtuar su núcleo.
- Un compromiso con la evidencia interna a partir de una actitud indagadora del profesorado, que se compromete con el análisis del impacto sobre el aprendizaje del alumnado.

Este compromiso con la evidencia presupone que el profesorado está familiarizado con los repositorios de evidencia, con la lectura adecuada de las propuestas, con la transferencia didáctica a su contexto concreto y con los métodos básicos de la investigación educativa para diseñar la medida del impacto y hacer una interpretación no sesgada de ella.

Sobre la generación de evidencias internas y la medida y reflexión acerca del impacto producido por una práctica determinada, conviene decir que, al llevarse a cabo, debe buscarse un equilibrio entre la precisión de la medida (a mayor precisión y mayor número de medidas, el coste en tiempo y económico de la evaluación puede dispararse y ser inasumible) y la reflexión sobre los resultados obtenidos. No debe olvidarse que el objetivo es reflexionar, a ser posible en equipo, sobre los impactos de nuestras actuaciones para diseñar su mejora. Tal vez uno de los efectos más importantes de incorporar la valoración del impacto de las actuaciones es cambiar las conversaciones docentes, centrándolas en "¿qué han aprendido mis alumnos?" y "¿qué hemos aprendido como profesores?", y compartiendo un lenguaje técnico que permita al equipo seguir en los ciclos de mejora.

Algunas voces críticas

Poco después de la conferencia de David H. Heargraves que dio la señal de salida a la EBE, empezaron algunos debates relevantes sobre el sentido, las dificultades y las limitaciones de una EIE. Podríamos resumir las críticas que ha recibido la EIE en los siguientes aspectos:
- Críticas de base epistemológica, que parten de poner en cuestión el paralelismo entre el carácter epistemológico de la medicina y el de la educación. Son críticas que cuestionan que las ciencias de base de la medicina y la educación (la biología y la química para la primera, la psicología para la segunda) tienen caracteres muy diferentes y que, por tanto, las evidencias que generan no tienen la misma validez.
- Críticas de base metodológica, que ponen en cuestión el diseño de los estudios en educación y su grado de validez, especialmente debido a la dificultad de tener un control adecuado de las variables que intervienen, incluso de la mis-

ma definición de las variables, atendiendo a que no existe un lenguaje único y uniforme en todo el mundo. Estos mismos hechos lastrarían la validez de las revisiones sistemáticas y los metaanálisis, ya que se podrían estar agregando variables con significados diferentes en diversos contextos.

- Críticas a la tecnificación de la educación, que advierten sobre las limitaciones de depender exclusivamente de enfoques técnicos y basados en evidencia estadística para evaluar intervenciones educativas. Gert Biesta (Biesta, G. J., 2023), uno de los más agudos críticos de la EBE, defiende que centrarse excesivamente en técnicas y efectos cuantitativos implica una "tecnificación" de la educación que reduce los procesos educativos a meros productos medibles, ignorando su dimensión formativa, ética y democrática. En su visión, la educación debe considerarse más allá de lo que puede medirse con precisión, pues incluye propósitos formativos más amplios que no siempre pueden ni deben reducirse a números o efectos cuantificables. Por tanto, aunque el tamaño del efecto sea una métrica útil para comprender mejor el impacto de ciertas intervenciones, es esencial recordar que no toda mejora educativa relevante es cuantificable y que la calidad educativa también debe ser juzgada desde perspectivas éticas, formativas y contextuales más amplias que escapan a las herramientas estadísticas tradicionales. Profundizando en estos enfoques, Biesta ha propuesto la noción de una *educación basada en valores,* (Biesta G., 2010), atendiendo a las características peculiares del hecho educativo y a su esencial contenido ético.

- Críticas por la incapacidad de los investigadores y de las políticas educativas para superar la brecha entre la investigación y la práctica educativa.

En todo caso, en lo que sí están de acuerdo partidarios y críticos es en que adoptar una actitud reflexiva e investigadora sólida sobre los efectos de las prácticas educativas, especialmente si es en equipo, es uno de los mejores caminos para el desarrollo profesional docente y para la mejora del proceso de aprendizaje del alumnado.

Capítulo dos

Los fines de la educación

Complejidad de la toma de decisiones

Los humanos somos quienes tenemos que aprenderlo todo y no aprendemos nunca nada. Esta es la tragedia de la educación, no como sistema formal de instrucción, sino como condición para llegar a ser lo que somos. Lo que nos hace humanos es tener que ser educados para ser. Y lo que nos hace humanos es que ningún sistema educativo puede asegurar que llegaremos a aprender nada importante ni que nos haga mejores.

Marina Garcés *(Escuela de aprendices)*

La cita de Marina Garcés que encabeza este capítulo nos permite poner de relieve algunas características generales para la toma de decisiones en una educación informada por la evidencia. A saber:

a) Es condición del ser humano, desde su mismo nacimiento, tener que ser acogido en un mundo que ya existe (Arendt, 2016) y tener que aprender a vivir en él. El aprendizaje es, por tanto, una condición vital.

b) El aprendizaje se produce en muy diferentes contextos, la mayoría de ellos no formales, y va de la mano del proceso de socialización.

c) La educación es algo que va más allá de la mera instrucción y tiene impacto sobre la configuración general de la persona.

d) El porqué y el para qué educamos es siempre una elección del educador, cambia a lo largo de la historia y se adapta a los contextos concretos.

e) El papel del sistema educativo en un determinado momento viene condicionado por las finalidades que las estructuras sociales le asignan.

f) Los resultados de la educación son siempre imprevisibles y su impacto sobre las personas y la sociedad está cargado de incertidumbres.

Para el docente, los componentes de inevitabilidad e incertidumbre en la educación dibujan un marco de complejidad evidente en sus funciones. Para poder manejar este marco de complejidad es necesario que disponga de unos vectores que puedan orientarle tanto para la toma de decisiones como para la evaluación y mejora de las prácticas educativas que lleva a cabo. Este marco es el que vamos a intentar establecer en el presente capítulo.

La determinación de la calidad de una práctica educativa

Para poder tomar decisiones sobre qué prácticas se van a llevar a cabo, es necesario establecer previamente una idea compartida de lo que es una buena práctica educativa en un determinado contexto. Para ello, aun a riesgo de simplificar el análisis, puede sernos útil diferenciar dos dimensiones principales:

- Dimensión ideológica, social o política, que daría respuesta a las preguntas *¿por qué educamos?, ¿para qué educamos?* y *¿qué enseñamos?*
- Dimensión técnica, que daría respuesta a las preguntas *¿cómo enseñamos?, ¿cuándo enseñamos?*

La **dimensión ideológica, social o política** implica una clarificación de cuáles son las intenciones educativas en un determinado contexto. Intenciones educativas que tienen que ver con las funciones que en un momento histórico y en un lugar concreto se le asignan al sistema educativo.

Esta dimensión es profundamente contextual y va variando a lo largo del tiempo con los cambios sociales, que generan nuevas demandas al sistema educativo, y con la evolución del propio sistema educativo. Para garantizar la coherencia de las actuaciones de todos los agentes implicados, cada centro educativo debería explicitar cuáles son sus intenciones educativas, plasmadas en un **perfil de salida**[11] deseado para el alumnado al concluir su escolarización en el centro. En el contexto actual, este perfil suele tener un **carácter competencial** y suele elaborarse a partir de las competencias clave que se espera que el alumnado haya adquirido al final de la escolarización obligatoria[12].

La **dimensión técnica** tiene que ver con la respuesta que se da en cada momento al *cómo* y *cuándo* trabajar con el alumnado para la adquisición del perfil de salida. La respuesta concreta a esta pregunta generalmente ha sido dada *a pie de*

---

[11] También se utiliza el término *perfil del egresado*.

[12] *Perfil de salida del alumnado al término de la enseñanza básica*, Anexo I, Real Decreto 217/2022, de 29 de marzo, por el que se establece la ordenación y las enseñanzas mínimas de la Educación Secundaria Obligatoria.

aula, en buena medida a partir de la intuición, formación inicial y experiencia de cada docente, sin la existencia de unos referentes teóricos o prácticos contrastados y compartidos por el profesorado. El propósito de una EIE apunta a la necesidad de resolver esta dimensión técnica de la educación incorporando también el conocimiento científico que tenemos de cómo aprenden las personas y de aquellas propuestas pedagógicas que han mostrado su eficacia al ser rigurosamente analizadas.

En resumen, **una buena práctica educativa**, en un contexto concreto, es aquella que:

a) Ayuda a desarrollar las competencias del perfil de salida (1.er referente: dimensión ideológica, social y política).

b) Está fundamentada en el mejor conocimiento científico disponible sobre cómo aprendemos las personas, y ha sido rigurosamente evaluada (2.º referente: dimensión técnica).

Conviene remarcar el hecho de que no debería ser función únicamente de la investigación educativa proporcionar criterios para determinar el perfil de salida del alumno, que responde más bien a los modelos de sociedad y de persona vigentes en un determinado contexto, y tiene sus raíces en consideraciones éticas, políticas, filosóficas, antropológicas y sociológicas (por ejemplo, se puede indagar sobre qué competencias debe tener un ciudadano de una sociedad democrática en el siglo XXI, pero la conclusión o el consenso, en caso de existir, no podrá decirse que responde a la evidencia científica).

Sí que nos parece el papel esencial de la ciencia educativa mostrar aquello que ha funcionado o funciona para un mejor nivel de logro del aprendizaje de unos conocimientos determinados en unas condiciones y contextos determinados. Será función de quien haya de tomar las decisiones la transferencia didáctica a su realidad concreta. En el caso de un centro educativo, entendemos que las decisiones las toman los docentes en el marco de una comunidad profesional.

Los fines de la educación

Como hemos dicho, el establecimiento de unos fines para la educación depende de posicionamientos que van más allá de un enfoque científico y entran en el campo de lo que en un contexto determinado se considera deseable para un alumno al acabar la escolaridad obligatoria, y que se verá reflejado en los desarrollos curriculares prescriptivos y en el perfil de salida del centro.

Los fines de la educación son radicalmente contextuales. Han ido (y van) variando a lo largo del espacio y el tiempo, dado que dependen profundamente de las concepciones del ser humano y de la sociedad. De estas concepciones, las que son hegemónicas en un momento histórico determinado se traducen en demandas al sistema educativo, que van variando tanto por los cambios sociales como por la evolución de los mismos sistemas educativos.

Se deja ver, entonces, que el campo de los propósitos del sistema educativo parte de consideraciones éticas, políticas, filosóficas, antropológicas y sociológicas, que son investigables desde la compartición y el debate de los diferentes discursos, pero que dependen también de los mecanismos de toma de decisiones políticas. En este sentido, toda propuesta de organización del sistema educativo y de concreción curricular debería explicitar sus propósitos de manera fundamentada[13], ya que la no explicitación de estos propósitos no significa que estos no existan, sino que se dan por supuestos implícitamente, que son de "sentido común", aunque, como certeramente ha escrito Jurjo Torres Santomé (*Políticas educativas y construcción de personalidades neoliberales y neocolonialistas*, 2017):

> "El 'sentido común' socio-históricamente construido explica y sirve de justificación a los grupos sociales dominantes para la selección y la imposición de los contenidos culturales que se consideran que deben ser objeto de atención preferente por parte del sistema escolar; convierte en evidente lo que se *puede* y *podría* hacer; y, de modo simultáneo, transforma en *ilógicas*, *irracionales* o *imposibles* otras alternativas certeramente posibles y reales".

Aunque el llamado "currículo oculto"[14] nunca podrá ser explicitado totalmente, su máximo desvelamiento y la toma de conciencia crítica por parte de los docentes de su existencia son condiciones deseables para una adecuada toma de decisiones pedagógicas.

Cuáles son los fines de un sistema educativo es un asunto en permanente discusión y revisión, y no hay aún un consenso entre las diferentes corrientes de pensamiento. Siguiendo a Gert Biesta (2023), podríamos decir que la pregunta *¿para qué sirve la educación?* requiere una "respuesta compuesta" de las tres funciones de la educación:

- La función cualificadora: proporcionar al alumnado los conocimientos, habilidades y capacidades para comprender su entorno e integrarse en la vida social y laboral.
- La función socializadora: proporcionar al alumnado la capacidad de constituirse como parte de la sociedad en que vive, en los órdenes sociales, culturales y políticos.
- La función de subjetivación: proporcionar al alumnado la capacidad de convertirse en un sujeto autónomo e independiente en su manera de pensar y actuar, que le posibilite ser agente de novedad, intervención y cambio social.

---

[13] Por este motivo, es importante en el momento de tomar decisiones en un centro educativo haber hecho una lectura a fondo de los preámbulos y los artículos iniciales de las leyes educativas o los decretos de desarrollo curricular, que es donde se explicitan los propósitos, finalidades y objetivos que el legislador asigna al sistema educativo.

[14] Para un anàlisis en profundidad del papel del currículo oculto puede consultarse (Torres Santomé, *El currículum oculto*, 1998).

Para permitir a los docentes tomar decisiones adecuadas sobre sus prácticas educativas es entonces fundamental que el centro concrete sus intenciones educativas en estos tres aspectos en un **perfil de salida**. En el establecimiento de estas intenciones, los centros educativos reciben aportaciones muy diversas y de diferente importancia y nivel de obligatoriedad. Podemos destacar, al menos, tres grandes bloques de referencias: *las tendencias y recomendaciones de organismos nacionales e internacionales* (ONU, Unesco, UE…), el marco normativo vigente en cada momento y el carácter propio del centro educativo (propósito, visión, valores).

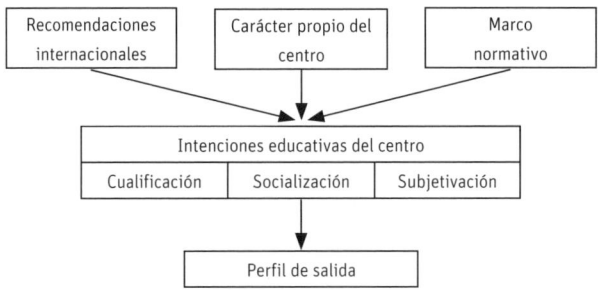

Las tendencias y recomendaciones de organismos nacionales e internacionales de referencia (ONU, Unesco, UE…)

Podría establecerse que hay un consenso internacional en que el marco más general en el que debe moverse un sistema educativo incluye el respetar y trabajar a favor de la *Declaración Universal de los Derechos Humanos* (ONU, París, 1948) y la *Convención sobre los derechos del niño* (ONU, 1989).

Desde los años setenta del pasado siglo, la Unesco ha ido marcando los caminos por los que ha evolucionado la educación mundial a partir de los informes que periódicamente ha ido elaborando:

- *Aprender a ser: el mundo de la educación hoy y mañana* (Unesco, 1972 - Informe Fauré).
- *La educación encierra un tesoro. Informe a la Unesco de la Comisión Internacional sobre la Educación para el siglo XXI.* (Unesco, 1996 - Informe Delors).
- *Replantear la educación: ¿Hacia un bien común mundial?* (Unesco, 2015).
- *Reimaginar juntos nuestros futuros: un nuevo contrato social para la educación* (Comisión internacional para los futuros de la educación, Unesco, 2021). (Ver el cuadro de la página 46).

Aunque un análisis de estos documentos desborda el marco del presente libro, conviene apuntar que en ellos se ha ido configurando un marco de sentido para la educación que apuesta por:

- Una educación integral: saber, saber hacer, saber ser y saber convivir.
- Una educación de calidad para todos, en el marco de una escuela inclusiva.

- Una educación considerada como un proyecto público y como un bien común mundial.
- Una educación para la paz, la sostenibilidad y la justicia social, económica y medioambiental.

Para ampliar

Reimaginar juntos nuestros futuros: un nuevo contrato social para la educación (Unesco, 2022)

"... para construir futuros pacíficos, justos y sostenibles, hay que transformar la educación misma".

• Un nuevo contrato social para la educación
  – Una visión compartida de los propósitos públicos de la educación.
  – Reimaginar implica trabajar juntos para crear futuros compartidos e interdependientes.
  – El nuevo contrato social para la educación nos debe unir en torno a esfuerzos colectivos y debe aportar el conocimiento y la innovación necesarios para conformar futuros pacíficos y sostenibles para todos, unos futuros basados en la justicia social, económica y medioambiental.
• Principios fundacionales
  – Garantizar el derecho a una educación de calidad a lo largo de la vida.
  – Fortalecer la educación como proyecto público y como bien común.
  • Entre promesas del pasado y futuros inciertos
  – El planeta está en peligro.
  – Retroceso en gobernanza democrática y aumento de populismos.
  – Potencial transformador en las tecnologías digitales.
  – Crear un entorno laboral decente centrado en el ser humano.
  – Valor de los trabajos de cuidado.
• Propuestas de renovación de la educación
  – La pedagogía debe organizarse en torno a los principios de cooperación, colaboración y solidaridad.
  – Los currículos deben poner énfasis en un aprendizaje ecológico, intercultural e interdisciplinario que ayude a los alumnos a acceder al conocimiento y a producirlo, a la vez que desarrollan su capacidad de ser críticos y de aplicarlo.
  – La enseñanza debe profesionalizarse aún más como tarea colaborativa, donde los docentes sean reconocidos por su trabajo de generadores de conocimiento y figuras clave en la transformación educativa y social.
  – Las escuelas deben ser centros educativos protegidos por su labor de generación de inclusión, de equidad y de bienestar individual y colectivo, y también deben reimaginarse para poder promover mejor la transformación del mundo hacia unos futuros más justos, igualitarios y sostenibles.
  – Debemos disfrutar y aumentar las oportunidades educativas que se dan a lo largo de la vida y en los diferentes espacios culturales y sociales.
• Promover un nuevo contrato social para la educación
  – Un llamamiento a la investigación y la innovación.
  – Un llamamiento a la solidaridad global y la cooperación internacional.
  – Las universidades y otras instituciones de educación superior deben ser activas en todos los aspectos de la construcción de un nuevo contrato social para la educación.
  – Es esencial que todo el mundo pueda participar en la construcción de los futuros de la educación: "Forjar un nuevo contrato social para la educación es un paso decisivo para reimaginar juntos nuestros futuros".

Siguiendo el camino emprendido por la Unesco, muchos países han ido adaptando su legislación educativa nacional, promoviendo reformas estructurales y curriculares que alinearan los sistemas educativos con estos principios. Probablemente, dos de las consecuencias más relevantes a escala global son:

- Que se han ido ampliando las aspiraciones de los sistemas educativos para incorporar a la función de instrucción académica clásica el desarrollo de lo que se consideran competencias para la vida en sociedad. (Ver el cuadro competencias para la vida).
- Que esta educación debe llegar a toda la población infantil y juvenil, alargando la educación obligatoria y apostando por una escuela inclusiva.

Para ampliar

Competencias para la vida

El debate sobre cuáles deben ser las "competencias para la vida" no ha estado exento de polémicas importantes y se halla, aún a día de hoy, lejos de cerrarse. Ha venido marcado, principalmente[15], por las tradiciones de los sistemas educativos nacionales y por la intervención de organizaciones internacionales, cuyas propuestas vienen condicionadas profundamente por su perspectiva social e ideológica.

Un buen ejemplo de estas propuestas de competencias lo tenemos en la *Recomendación del Consejo de 22 de mayo de 2018 relativa a las competencias clave para el aprendizaje permanente* (Consejo de la Unión Europea, 2018), que propone a los Estados miembros llevar a cabo políticas que permitan a todos los ciudadanos de la Unión Europea desarrollar las siguientes competencias clave:

- Competencia en lectoescritura.
- Competencia multilingüe.
- Competencia matemática y competencia en ciencia, tecnología e ingeniería.
- Competencia digital.
- Competencia personal, social y de aprender a aprender.
- Competencia ciudadana.
- Competencia emprendedora.
- Competencia en conciencia y expresión culturales.

Cabe remarcar, asimismo, la influencia global que ha ejercido la OCDE (Organización para la Cooperación y el Desarrollo Económico) con el lanzamiento en 1997 del programa DeSeCo[16], que está en la base del Programa para la Evaluación Internacional para Estudiantes (PISA, por sus siglas en inglés). Esta evaluación, que se lleva a cabo cada dos años para medir el grado de competencia en lectura, matemáticas y ciencias del alumnado de 15 años en los diferentes países de la OCDE, se ha convertido de *facto* en un *ranking* educativo internacional, lo que le ha permitido ejercer una notable (y cuestionada) influencia en la prescripción de políticas educa-

---

[15] Pero no exclusivamente. Ha habido múltiples e influyentes reflexiones llevadas a cabo a título individual por pensadores de mirada diversa. Sirvan como ejemplo las siguientes referencias: *Crear capacidades. Propuesta para el desarrollo humano* (Nussbaum, 2012); *Cuando la escuela pretende preparar para la vida* (Perrenoud, 2012) o *Los siete saberes necesarios para la educación del futuro* (Morin, 1999).

[16] *Definition and Selection of Competencies: Theoretical and conceptual foundations.*

tivas en los países miembros. Más allá de este aspecto, la influencia de DeSeCo en los marcos conceptuales de los currículos por competencias ha sido relevante.

Una influencia que es compartida, en menor medida, por otras evaluaciones internacionales, como el programa PIRLS[17] (evaluación de la comprensión lectora a los 9-10 años) y el programa TIMSS (evaluación de conocimientos en matemáticas y ciencias a los 10 y los 14 años), desarrollados por la IEA (Asociación Internacional para la Evaluación del Rendimiento Educativo).

Dado que la incorporación de planteamientos competenciales a los currículos nacionales ha sido una tendencia general a escala mundial, se han desarrollado también programas de competencias alternativos o complementarios, impulsados por organizaciones más preocupadas por la sostenibilidad de la democracia y del medioambiente y por la justicia global[18].

El marco normativo vigente en cada momento

El segundo referente para la determinación del perfil de salida del alumnado de un centro es, prescriptivamente, el marco normativo vigente en cada momento.

Los marcos normativos, recogidos en las leyes que establecen la ordenación de los sistemas educativos y en sus desarrollos curriculares, responden a las tradiciones nacionales, a los diagnósticos sobre las necesidades en educación, a los equilibrios políticos y sociales de cada país en cada momento, y a la influencia de las tendencias internacionales.

Si bien los desarrollos curriculares tradicionales se centraban en una prescripción de espacios y tiempos y de contenidos que el alumnado debía asimilar al final de la etapa obligatoria, ya desde los años setenta del siglo pasado se empiezan a elaborar currículos que van introduciendo aspectos más dirigidos a una educación integral. Actualmente incluyen, de una u otra manera, no solamente los conocimientos que han de adquirir los alumnos, sino también las competencias, habilidades, capacidades y actitudes que deben haber desarrollado al finalizar la educación obligatoria.

En este marco competencial, los desarrollos curriculares suelen incluir dos tipos de competencias: las competencias con apoyo disciplinar (la competencia matemática, por ejemplo) y las competencias sin apoyo disciplinar o competencias transversales (la competencia digital, por ejemplo).

A menudo, como es el caso de la LOMLOE[19] en España, los currículos incluyen el desarrollo, a lo largo de las etapas educativas y de los distintos niveles, de las

---

[17] Progress in International Reading Literacy Study.

[18] Puede consultarse, por ejemplo, el proyecto de EduAlter sobre "Competencias para transformar el mundo" (https://transformarelmon.edualter.org/cast/).

[19] Ley Orgánica 3/2020, de 29 de diciembre, por la que se modifica la Ley Orgánica 2/2006, de 3 de mayo, de Educación.

competencias con apoyo disciplinar[20], recogiendo los contenidos asociados (saberes) y los criterios para la evaluación de estas competencias. En el caso de las competencias transversales, se recogen indicaciones más bien genéricas sobre las competencias que desarrollar, y suele ser labor del centro educativo el concretar el despliegue longitudinal de las competencias y la determinación de los criterios para su enseñanza y evaluación. Hay, pues, una toma de decisiones muy relevante en cada escuela sobre qué y cuándo trabajar estos aspectos transversales del currículo.

Esta toma de decisiones está profundamente determinada por los fines que se asignan a la educación en cada centro, por lo que no es tanto una decisión técnica como ideológica. Así, por poner un ejemplo usual, el desarrollo de la competencia digital en un centro será diferente si se es partidario del uso de aplicaciones *open source* o de aplicaciones propietarias.

Apuntemos, para acabar de tratar la influencia del marco normativo vigente en cada momento, dos aspectos que nos parecen relevantes:

a) Los marcos normativos ejercen su influencia, también, mediante el establecimiento de pruebas de evaluación censales, sean diagnósticas o acreditadoras para el acceso a etapas posteriores. Estas pruebas a menudo condicionan de manera muy importante lo que se enseña y cómo se enseña en cada momento.

b) Los desarrollos normativos más recientes, además de prescribir un currículo, tienden a apostar por enfoques metodológicos determinados. Hay una tendencia normativa a prescribir el *cómo* y no solamente el *qué* y el *cuándo*, lo cual tiene implicaciones profundas sobre las decisiones que debe tomar un centro educativo, ya que el currículo "invade" aspectos que tradicionalmente se habían considerado propios de los centros y los docentes.

El carácter propio del centro educativo (propósito, visión, valores)

El tercer elemento determinante en la toma de decisiones sobre las finalidades educativas es el carácter propio del centro educativo, esto es, el establecimiento de un propósito de centro, de la visión del papel que juega el centro para la comunidad educativa y su entorno, y de cuáles son sus valores referenciales.

Cómo se establece el carácter propio de un centro educativo es un asunto que genera discusiones importantes, en sí mismas con un gran peso ideológico, ya que las diferentes opciones presuponen un determinado papel a los centros y a los diferentes miembros de la comunidad educativa. Hay desde quienes abogan por que el carácter propio debe ser establecido por los Consejos Escolares en un proceso participado intensamente por todos los miembros de la comunidad educativa (profesorado, personal no docente, administración local, alumnado, familias, ...), hasta quie-

---

[20] Puede verse, por ejemplo, el Real Decreto 157/2022 por el que se establecen la ordenación y las enseñanzas mínimas de la Educación Primaria.

nes abogan por que la titularidad del centro establezca este carácter propio y que la comunidad escolar lo haga suyo al elegir un centro.

En todo caso, sí se puede afirmar que:

- El carácter propio debería ser explicitado en el Proyecto Educativo y tendría que ser conocido por todos los miembros de la comunidad escolar, ya que va a marcar profundamente la cultura de centro.
- El carácter propio debe respetar los marcos normativos establecidos, y no puede poner en cuestión los elementos conceptuales de fondo de estos marcos normativos: respeto a los derechos humanos y de la infancia, educación inclusiva, educación en un entorno democrático y para la justicia global.

Además de los elementos ideológicos, es deseable que el carácter propio de un centro especifique cuáles son los referentes pedagógicos fundamentales del centro y que, en consecuencia, establezca cuáles son sus opciones prioritarias en este ámbito. Aunque esto pueda parecer contradictorio respecto a la distinción que hacíamos al principio del capítulo entre la dimensión ideológica y la dimensión técnica en la toma de decisiones de un centro educativo, no lo es tanto si prestamos atención al hecho de que, en el campo de las ciencias sociales y humanas, y la pedagogía es una de ellas, la neutralidad valorativa absoluta no es posible. La distinción que proponíamos tiene la finalidad de ayudarnos en el análisis y la explicitación de motivos en la toma de decisiones, pero no debe tomarse ingenuamente. Es bastante evidente que, por ejemplo, la opción por el trabajo en equipos cooperativos, colaborativos o competitivos tiene implicaciones muy diferentes en cuanto a los valores y las concepciones sociales que se desarrollan.

En este libro vamos a abogar por la incorporación de los mejores resultados de la investigación educativa a la toma de decisiones educativas, pero esto no significa que exista un automatismo posible en la traslación de estos resultados. Más bien al contrario: debe existir un esfuerzo reflexivo consciente de los equipos docentes sobre sus intenciones y sobre los instrumentos didácticos más adecuados a ellas en su contexto concreto que tenga en cuenta el máximo de implicaciones posibles. En el fondo, una educación informada por la evidencia nos sitúa ante una determinada concepción de la profesión docente, que vamos a desarrollar en capítulos posteriores.

Capítulo tres

Mitos y modas en la práctica docente

Los lugares comunes ante la práctica reflexiva

En un libro sobre educación informada por la investigación científica no puede faltar un capítulo dedicado a los mitos y las modas educativos. Pero el enfoque es diferente al de otros trabajos habituales referidos a las creencias erróneas en educación. Hay dos razones principales para este cambio de enfoque. En primer lugar, en los últimos años han sido publicadas excelentes obras al respecto, como pueden ser *Psicomitos*, de Fátima García Doval; *Educafakes*, de Dani Turienzo y Jesús Rogero, y *Edumitos*, de Héctor Ruiz-Martín. En ellas se abordan, desde diferentes perspectivas, pero con suficiente profundidad, algunas de las creencias erróneas comunes en torno a la manera de aprender, la psicología en general o los datos que sustentan la política educativa.

En segundo lugar, y principalmente, nuestro interés no está en los propios mitos en sí, sino en la mentalidad colectiva docente que les da cabida. Nos referimos especialmente a las maneras de crecer profesionalmente, contrastar la práctica y, de manera más sencilla, obtener información. Nos parece fundamental aproximarnos a las modas educativas no tanto en la descripción de cada moda, sino en una reflexión acerca de por qué existe cualquiera de ellas, y por qué es tan difícil de contrastar y discutir una vez que se aposentan entre nuestros claustros.

Por eso en este capítulo invitamos a los lectores a preguntarse sencillamente "por qué haces lo que haces". Las razones que te empujan a elegir una actividad sobre otra, o las razones que tienes para empezar las clases de una determinada manera. Cuando preguntamos a diversos claustros sobre este asunto, nos sorprende porque las razones casi siempre son prácticas, y las resumimos en tres:

1. Hacemos algo porque lo hicieron con nosotros.
2. Hacemos algo porque se lo vimos hacer a alguien (en una formación, un vídeo en redes, una compañera...).
3. Hacemos algo porque percibimos que funciona.

Son tres razones perfectamente válidas, si se emplea un poco de tiempo en reflexionar en ellas. Por eso, cabe preguntarse de dónde vienen, cuál es el grado de certidumbre que atesoran las fuentes de las que nos nutrimos en nuestro día a día. Algo en común es que las tres razones provienen siempre de nuestras vivencias y experiencias. Y eso, como ya decíamos, no es malo de por sí. El problema es que el abanico de vivencias y experiencias que podemos tener resulta subjetivo y, sobre todo, muy limitado.

Un buen ejemplo de ello es lo que ocurrió con muchos médicos durante gran parte del siglo xx: convencidos de que fumar no era perjudicial, algunos incluso recomendaban cigarrillos a sus pacientes. Su razonamiento era sencillo y, a la vez, profundamente sesgado: ellos mismos fumaban y no percibían efectos inmediatos negativos en su salud, ni en la de sus colegas. Basaban su certeza en su experiencia personal, sin atender a la evidencia científica emergente. Como en ese caso, transmitimos formas de hacer de manera oral, como en la Antigüedad. Nos basamos en historias y percepciones y construimos un relato sobre nuestra propia práctica que solo incorpora la tradición oral. Imaginemos la arquitectura, la medicina o los talleres de coches si solo existiera la tradición oral, y la experiencia del profesional dependiera exclusivamente de algo que ha vivido él mismo.

Además de las razones expuestas, los motivos internos son muy sensibles a aquello que parece bueno o suena bien, algo que discutiremos en otras partes de este capítulo. Pero afirmamos con rotundidad que lo que suena bien no siempre es lo más recomendable. De hecho, para eso precisamente existe la ciencia: para separar aquello que parece obvio y es cierto, de aquello que parece obvio, pero es falso (véase el movimiento de la Tierra y el Sol como ejemplo).

Un caso paradigmático de esta falsa obviedad se dio en la economía del siglo xx, cuando muchos economistas asumieron que los seres humanos toman decisiones de manera completamente racional, evaluando costes y beneficios sin interferencias emocionales o sesgos cognitivos. Bajo esta premisa, se construyeron modelos de mercado y teorías económicas que asumían que, dadas las condiciones adecuadas, las personas siempre elegirían la mejor opción disponible. Sin embargo, la investigación en psicología y economía conductual ha demostrado que esta idea es, en gran medida, errónea. Las decisiones humanas están influidas por sesgos, heurísticos y factores emocionales que desvían la conducta de lo que sería estrictamente racional. Tal como en otros campos, lo que parecía intuitivamente cierto —la racionalidad absoluta del ser humano— resultó ser una simplificación excesiva de la realidad, como tantas veces ha ocurrido en la historia del pensamiento científico.

Por eso, lo que proponemos aquí es añadir a esas fuentes de conocimiento, válidas, otras que sirvan de contraste de la propia experiencia. Y ahí es donde la educación informada por la investigación nos puede ayudar. En resumen, los mitos proliferan cuando las opiniones y tradiciones son la única manera de saber qué hacer.

Permita el lector otro ejemplo: durante décadas, muchos docentes creyeron que una forma efectiva de cambiar la actitud de un estudiante era hacerle copiar 200 veces una frase sobre la conducta deseada. La lógica detrás de esta práctica parecía incuestionable: la repetición forzada reforzaría el mensaje y, eventualmente, modificaría el comportamiento. Sin embargo, la investigación en psicología del aprendizaje y en modificación de actitudes ha demostrado que este tipo de estrategias no solo son ineficaces, sino que pueden generar reactancia y rechazo, consolidando aún más la actitud que se pretendía corregir. Al igual que ocurrió con la idea de la racionalidad absoluta en economía o con la creencia de que fumar no era perjudicial, aquí también la tradición y la intuición resultaron ser guías poco fiables cuando se contrastaron con la evidencia científica.

Los mitos generan lugares comunes: frases hechas y observaciones que reducen la complejidad de lo que es educar (Fernández, 2022[21]). La educación requiere abrazar la complejidad para enfrentar los desafíos reales de enseñar y aprender. Es tentador aferrarse a ideas simples porque resultan más atractivas y fáciles de entender, pero estas estrategias suelen carecer de pruebas sólidas que respalden su eficacia. La insistencia en soluciones sencillas y eslóganes vacíos puede condenar al fracaso a los estudiantes más vulnerables y perpetuar prácticas que no responden a las verdaderas necesidades del aula.

En lugar de reducir la educación a juicios superficiales como "bueno o malo" o "antiguo o moderno", debemos abordarla como un espacio para reflexionar profundamente sobre los temas que atraviesa nuestra sociedad. Esta simplificación excesiva no solo distorsiona la realidad de los procesos educativos, sino que también pone en peligro la actualización constante de métodos rigurosos y sólidamente fundamentados que son esenciales para nuestra labor como docentes y educadores de cualquier tipo.

Finalmente, es importante aclarar que, cuando hablamos de mitos, nos referimos a creencias que persisten a pesar de que contradicen el conocimiento disponible. Es decir, aunque existen múltiples fuentes de información fiable, respaldadas por la investigación y probadas en distintos contextos, los docentes seguimos basan-

---

[21] FERNÁNDEZ, JUAN G. (2022): *Educar en la complejidad*. Plataforma Editorial.

do nuestras decisiones en suposiciones que han sido refutadas por la investigación disponible, o que cuentan con muy pocas y limitadas pruebas a su favor.

En este sentido, podemos también establecer categorías entre las creencias erróneas. Por un lado, existen aquellas que son demostradamente falsas, como, por ejemplo, que ajustar la enseñanza a los estilos de aprendizaje o a las inteligencias múltiples consiga que el alumnado aprenda más; o que la repetición de curso sea una medida generalmente eficaz (para más información sobre estos temas, nos remitimos a los libros ya citados). En este caso, la investigación nos informa abrumadoramente de que algo, que tal vez suene muy bonito y eficaz, en realidad no lo es en absoluto. La investigación nos ayuda a diferenciar lo que parece obvio y es verdadero, de lo que parece obvio, pero es falso.

Por otro lado, hay algunas creencias que tienen muchos matices, como, por ejemplo, la mejor manera de enseñar a resolver problemas. Ahí, la investigación nos enriquece de matices, de manera que podamos tomar decisiones más informadas. Es decir, que la certeza de las pruebas o la ausencia de ellas es cosa bien distinta. Por ejemplo, hay un artículo de Marta Ferrero[22] y colaboradores en el que analizan lo que sabemos de la eficacia del trabajo por proyectos en infantil y primaria. Sus conclusiones hablan más de ausencia de evidencia que de evidencia en contra, es decir, el problema es la falta de rigor metodológico de las investigaciones incluidas en el análisis. En este caso, no podemos afirmar que el aprendizaje por proyectos no funcione en estas etapas (porque no hay evidencia en contra), pero tampoco hay pruebas suficientemente sólidas para afirmar que funcione (porque tampoco hay evidencia robusta a favor).

Como vemos, una característica de muchas investigaciones educativas es que nos deja con más preguntas que respuestas. La única respuesta de un estudio como este es que no se puede afirmar categóricamente que esta metodología promueve mayores aprendizajes, porque los estudios realizados al respecto son metodológicamente muy débiles (lo que a su vez plantea otras preguntas). Una cosa estupenda de la educación informada por la investigación es que un solo estudio no dice nada, sino que es la secuencia de investigaciones la que nos puede proporcionar una aproximación a una respuesta adecuada.

En el fondo, lo que se nos ofrece es una cantidad de motivos para tomar decisiones. Esto también nos ayudará a fundamentar y justificar nuestras decisiones de cara al alumnado, sus familias o la administración. Equipados con nuestras experiencias, las de nuestros compañeros, lo que hemos aprendido de vídeos o formaciones y también con lo que hemos leído, es más probable que el abanico de opciones,

---

[22] FERRERO, M., VADILLO, M. A. y LEÓN, S. P. (2021): "Is project-based learning effective among kindergarten and elementary students?" A *systematic review*. PLOS ONE, 16(4), e0249627. Disponible en https://doi.org/10.1371/journal.pone.0249627.

adaptaciones y matices se acreciente. En definitiva, una práctica informada por la evidencia no es más sencilla, sino en muchos casos más compleja. Pero tomamos mejores decisiones, ayudando de esta manera a un mejor aprendizaje de todos.

Si los mitos resultan de una aplicación o interpretación errónea que se hace popular, las modas tienen que ver más con la ausencia de interpretación. Las prácticas educativas se realizan porque todo el mundo las hace, o porque existe una demanda, generalmente ficticia, por parte del alumnado, de las familias o de la sociedad. En este sentido, las modas se diferencian de los mitos y podrían considerarse en muchos casos como timos. Por desgracia, los intereses económicos priman en este tipo de decisiones.

Por ejemplo, cuando hablamos de la dotación tecnológica de los centros. Se gastan millones de euros en impresoras 3D y pizarras digitales, pero no hay dinero para que exista un orientador en cada centro. Y aquí el problema, una vez más, no son las impresoras 3D, sino los porqués de la decisión. Así nos encontramos con que la llamada competencia digital docente, en tiempos recientes a la escritura de este capítulo, ha supuesto una lluvia de dinero en algunas empresas que han capitalizado esta financiación, sin rendir cuentas después del efecto de la inversión en el profesorado.

De nuevo, no se trata de que la competencia digital no sea importante. Yo mismo la estoy usando mientras comparto este documento con mi querido y admirado coautor. El problema es que se convierte en un producto que ha de ser vendido y consumido, para poder vender y consumir otro producto una vez amortizado al cabo de un tiempo. Esto también explica las modas de determinadas plataformas de contenido, como Prezi, que además alojan los contenidos de forma que perdemos todos los derechos de propiedad sobre ellos. Dentro de esta dinámica, los docentes nos convertimos en consumidores de metodologías, o incluso en propios comerciales de determinadas marcas. Basta un paseo por una feria de tecnología educativa para encontrarse con docentes que venden y anuncian productos.

Enfoquemos de nuevo el problema: los docentes debemos manejar los principios pedagógicos y didácticos para poder diseñar clases en las que se aprenda mejor, y que más personas puedan aprender. Lo importante no es el medio, sino el diseño y el contenido. Los medios deben alinearse con los fines, y no al revés. Ni, por supuesto, convertirse en fines. Lo interesante no es pensar cómo me rompo la cabeza para utilizar la herramienta en mis clases, sino qué principios pedagógicos, qué secuencia didáctica consigue mejor los objetivos; y si la tecnología me ayuda en la consecución de dichos objetivos.

Por tanto, en esta primera parte del capítulo hemos hablado de mitos y modas, estableciendo las diferencias entre ambos términos. Los mitos son creencias que no se corresponden con lo que sabemos acerca del aprendizaje o la organización escolar. Son inherentes a la propia experiencia de cada persona. Las modas son corrientes que utilizan una innovación educativa que constituye los medios en fines, generalmente para lograr una fuente de ingresos, económicos o "ego-nómicos" (premios al ego, sellos, reconocimiento, presencia en eventos…).

En resumen, lo que nos importa es que ambos confinan al docente a lugares comunes: verdades aceptadas sin reflexión que le obligan a tomar decisiones sin enseñarle a pensar en por qué se toma esa decisión, y decidir en función de criterios profundos, reflexivos y arraigados en principios y fundamentos teóricos sólidos. Lo contrario de los mitos y modas es la práctica reflexiva[23].

La práctica reflexiva es una herramienta fundamental para superar los lugares comunes en la enseñanza, ya sean mitos o modas. En lugar de aceptar creencias populares o seguir tendencias sin cuestionarlas, la reflexión permite a los docentes preguntarse "por qué hacemos lo que hacemos" y fundamentar sus decisiones pedagógicas en principios sólidos y basados en evidencia. Esto implica mirar más allá de las razones prácticas y subjetivas, como las experiencias personales o lo aprendido de otros, para contrastar estas ideas con información más amplia y objetiva. Al hacerlo, los docentes pueden enriquecer su práctica con perspectivas diversas y basadas en la investigación, lo que no solo mejora la calidad de la enseñanza, sino que también proporciona herramientas para justificar sus decisiones ante alumnado, familias y administraciones.

Adoptar una práctica reflexiva es especialmente importante en un contexto educativo donde los mitos y las modas pueden limitar el desarrollo profesional. Mientras que los mitos surgen de creencias erróneas que se contradicen con la evidencia científica, las modas suelen derivar de la aceptación acrítica de prácticas generalizadas o impulsadas por intereses económicos. Ambos fenómenos confinan al docente a tomar decisiones basadas en supuestos débiles o superficiales. La práctica reflexiva, en cambio, permite analizar críticamente estas influencias, alineando los medios y métodos con los fines educativos. De esta manera, los docentes pueden diseñar experiencias de aprendizaje que prioricen el contenido, la pedagogía y los objetivos, en lugar de adaptarse a herramientas o tendencias pasajeras que no necesariamente benefician al alumnado.

El papel de los heurísticos en el pensamiento del día a día

Los motivos detrás de los mitos y las modas en el ámbito educativo están profundamente arraigados en nuestra naturaleza humana y en la forma en que procesamos información. Como docentes, no estamos exentos de los sesgos heurísticos que afec-

---

[23] DOMINGO, A: "La práctica peflexiva: un modelo transformador de la praxis docente". Disponible en https://rcientificas.uninorte.edu.co/index.php/zona/article/view/13499/214421445239.

tan a todas las personas. Estos atajos mentales, aunque útiles para simplificar la toma de decisiones y ahorrar tiempo, también pueden llevarnos a conclusiones erróneas o a aceptar ideas sin un análisis crítico. En la educación, donde las decisiones tienen un impacto directo en el aprendizaje de los estudiantes, estas distorsiones pueden ser especialmente peligrosas. Por ello resulta fundamental comprender cómo opera nuestra mente y cómo estas tendencias influyen en nuestras elecciones. En este sentido, el libro *Nuestra mente nos engaña*, de Helena Matute, ofrece una introducción valiosa. La autora expone cómo nuestras creencias, a menudo influidas por heurísticos como la representatividad o la disponibilidad, pueden alejarnos de la realidad. Para los lectores de este libro, interesados en tomar decisiones educativas bien fundamentadas, reflexionar sobre estos temas no es solo relevante, sino también imprescindible.

La comprensión de estos mecanismos cognitivos tiene sus raíces en los trabajos de Daniel Kahneman y Amos Tversky, quienes revolucionaron nuestra manera de entender la toma de decisiones humanas. Su modelo, desarrollado en obras como la influyente *Pensar rápido, pensar despacio*, identifica dos sistemas principales en la cognición. El primero, conocido como Sistema 1, es rápido, automático y emocional; opera como un piloto automático que se basa en experiencias previas, patrones reconocidos y simplificaciones. El segundo, el Sistema 2, es lento, analítico y deliberado, y requiere esfuerzo consciente para procesar información de manera detallada. Estos sistemas interactúan constantemente y explican por qué a menudo nos sentimos atraídos por modas o mitos en educación. Cuando una idea educativa "suena bien" o parece intuitivamente coherente, el Sistema 1 la acepta sin resistencia. Sin embargo, activar el Sistema 2 para analizarla críticamente demanda más tiempo y energía, un esfuerzo que no siempre estamos dispuestos o podemos realizar en el día a día docente. Este modelo nos alerta sobre la facilidad con la que las propuestas simplistas, aunque atractivas, pueden colonizar nuestra práctica profesional si no las sometemos a un análisis riguroso.

Cuando los docentes nos enfrentamos a nuevas propuestas educativas —como estrategias "revolucionarias" o metodologías innovadoras que prometen resultados rápidos—, es común que nuestro Sistema 1 nos lleve a aceptarlas sin un examen crítico. Esto no ocurre por falta de interés o negligencia, sino porque nuestro deseo de mejorar la educación, combinado con la presión por encontrar soluciones prácticas, nos predispone a adoptar ideas que parecen accesibles y esperanzadoras. Además, factores como la repetición de mensajes en entornos educativos, el respaldo de figuras reconocidas como expertos o el uso de un lenguaje persuasivo pueden reforzar esta inclinación.

Sin embargo, la aceptación basada únicamente en intuiciones puede ser riesgosa, ya que no considera si esas ideas tienen un respaldo empírico sólido. Kahneman y Tversky nos recuerdan que la intuición, aunque útil en ciertos contextos, no es infalible. Aquí es donde el Sistema 2 se convierte en una herramienta crucial: debemos detenernos a analizar críticamente las propuestas, cuestionando su origen, la calidad de la evidencia que las respalda y su aplicabilidad en diferentes contextos. Por ejemplo, cuando nos presentan estrategias basadas en la psicología cognitiva, sería más valioso acudir directamente a las obras de autores como Ausubel o Bruner, en lugar de confiar únicamente en interpretaciones simplificadas. Este tipo de análisis no solo fomenta una comprensión más profunda, sino que también nos protege de adoptar soluciones que, aunque populares, carecen de fundamentos sólidos.

En este sentido, los que escriben este volumen se sienten como los anfitriones de una boda, que reparten invitaciones a muchas personas. En este caso, ambos estamos felizmente casados, pero invitamos a los lectores a un banquete magnífico: el de las lecturas que proponemos y que aparecen aquí y allá como verdaderos referentes. Lo mejor que puede conseguir este libro es que el lector lea otros libros.

Reconocer la influencia de los sesgos heurísticos en nuestras decisiones educativas es el primer paso para combatirlos, pero no el único. Es imprescindible desarrollar hábitos de reflexión crítica y basar nuestras decisiones en evidencia científica confiable. Esto implica examinar preguntas clave: ¿Qué pruebas apoyan esta idea? ¿Qué sabemos sobre su efectividad en contextos similares? ¿Ha sido validada a través de investigaciones rigurosas? Reflexionar sobre estas cuestiones nos permite construir un marco más sólido para evaluar la pertinencia de las propuestas educativas. Esto no significa rechazar automáticamente todo lo nuevo, sino más bien aplicar un escrutinio consciente que nos ayude a distinguir entre modas pasajeras y estrategias genuinamente útiles.

Al adoptar este enfoque, contribuimos a una práctica docente más rigurosa y efectiva, lo que beneficia no solo a nuestros estudiantes, sino también al sistema educativo en su conjunto. Esta perspectiva nos invita a asumir nuestra responsabilidad como educadores reflexivos y críticos, dispuestos a navegar en la complejidad en lugar de sucumbir a la comodidad de las soluciones simplistas.

Los juicios rápidos y el problema de la identidad: lo *sexy* en educación

Como hemos desarrollado en la primera parte de este capítulo, cuando no existe un fundamento teórico que sustente una metodología, se recurre frecuentemente al *marketing* como sustituto. Esto ocurre porque el *marketing*, lejos de basarse en argumentos racionales y fundamentados, tiene como principal objetivo captar la atención de nuestro Sistema 1, el rápido y emocional, tal como lo describió Daniel Kahneman. Identificar estas estrategias es clave para no caer en la trampa de aceptar ideas o metodologías educativas sin el debido análisis crítico.

Una de las estrategias más comunes del *marketing* educativo es apelar a nuestros heurísticos, esos atajos mentales que utilizamos para tomar decisiones rápidas, aunque a menudo de forma sesgada. Por ejemplo, los mensajes como "*Yo no soy tonto*" o "*Estamos locos*" no proporcionan argumentos sobre las ventajas de un producto o metodología, sino que buscan incitar una respuesta emocional inmediata, apelando al miedo a quedar excluido o a la necesidad de pertenencia. En el ámbito educativo, esto se traduce en afirmaciones que simplifican de forma extrema el discurso, como "Si *realmente quieres a tus alumnos, deberías usar este método*". Este tipo de argumento es falaz porque reemplaza la evidencia y la lógica por una apelación emocional que no permite un análisis reflexivo.

El *Black Friday* educativo, con sus ofertas de productos y métodos que prometen soluciones mágicas, es un buen ejemplo de esta dinámica. Es importante mantenernos atentos a estos mensajes simplistas y reflexionar críticamente sobre la sustancia detrás de las promesas. Una buena idea educativa no necesita ser vendida como un milagro: debe estar respaldada por argumentos sólidos y un marco teórico consistente. Si la propuesta recurre únicamente al impacto emocional, es un indicio de que podría carecer de la profundidad necesaria.

Otra de las formas en que el *marketing* educativo opera es a través de la construcción de identidades asociadas a etiquetas, como "*profesaurios*" o "*innovadores*", o incluso "*los de la educación basada en evidencias*". Estas etiquetas no solamente simplifican el discurso, sino que también promueven la polarización, creando divisiones entre docentes que impiden el necesario diálogo entre profesionales. Al asociar nuestra identidad profesional con una etiqueta, caemos en el sesgo de confirmación, lo que nos lleva a buscar únicamente información que valide nuestras creencias y a rechazar lo que las contradice.

Este fenómeno tiene un impacto significativo en nuestra capacidad crítica. Si nos identificamos completamente con una metodología o una tecnología específica, corremos el riesgo de dejar de cuestionar sus limitaciones o posibles mejoras. La flexibilidad, por el contrario, nos permite adoptar una postura más matizada, en la que aprovechamos lo mejor de cada propuesta para enriquecer nuestras prácticas docentes. Es esencial recordar que la educación es un campo complejo, lleno de matices, y que nuestras decisiones deben basarse en un análisis equilibrado y no en lealtades a una etiqueta.

Comunidades docentes: entre el intercambio y la uniformidad

Las comunidades docentes son un recurso valioso para el intercambio de ideas y el aprendizaje mutuo. Sin embargo, también es importante evaluar críticamente la dinámica de estas comunidades. Una comunidad que fomenta únicamente el pensamiento homogéneo, que descalifica a quienes piensan diferente o que perpetúa las mismas ideas sin cuestionarlas, puede convertirse en un espacio que limita más que enriquece.

Pertenecer a una comunidad docente debería significar una ampliación de perspectivas, una oportunidad para confrontar nuestras creencias y explorar nuevas formas de abordar la enseñanza. Si la dinámica de un colectivo se basa en reforzar identidades homogéneas y evitar el cuestionamiento, es probable que esté operando bajo los mismos principios de los que hablábamos anteriormente: la apelación a heurísticos y la construcción de una identidad que dificulta el pensamiento crítico.

La eficacia educativa y la atracción por lo *sexy*

Finalmente, una de las reflexiones más valiosas proviene de la autora Fátima García Doval, quien advierte que lo más eficaz en educación no siempre es lo más atractivo. Esta idea, aunque aparentemente sencilla, nos enfrenta a una realidad incómoda: en la cultura actual, dominada por el *marketing* y la inmediatez, lo espectacular y novedoso a menudo se valora por encima de lo práctico y efectivo. La cultura del consumo nos ha acostumbrado a juzgar un libro por su portada, y esta lógica se ha trasladado también al ámbito educativo. Las estrategias y métodos que cuentan con nombres sofisticados, tecnologías llamativas o empaques visualmente atractivos generan un magnetismo que puede desviar nuestra atención de lo realmente importante: su impacto en el aprendizaje de los estudiantes.

Esta tendencia tiene un impacto profundo en la toma de decisiones pedagógicas. La atracción por lo *sexy*, por aquello que parece revolucionario o rompedor, puede eclipsar prácticas educativas cuya eficacia ha sido ampliamente respaldada por la investigación. Estrategias como la práctica de recuperación, las preguntas metacognitivas, la retroalimentación efectiva o el uso del aprendizaje basado en proyectos llevan décadas demostrando su valor en términos de mejora del aprendizaje. Sin embargo, su apariencia "ordinaria" o "poco innovadora" las coloca a menudo en un segundo plano frente a propuestas que, aunque carentes de evidencia, prometen resultados rápidos y espectaculares. Este fenómeno no es casual; responde a una narrativa en la que lo nuevo y lo moderno tienen un valor simbólico superior, incluso cuando carecen de sustento empírico.

Lo más preocupante es que esta preferencia por lo llamativo y novedoso no solo impacta a los responsables de diseñar políticas educativas o recursos formativos, sino también a los docentes. En un contexto donde la innovación constante es vista casi como un fin en sí misma, es fácil perder de vista el propósito real de la educación. La eficacia educativa no depende de "vender" la enseñanza como algo espectacular, sino de la implementación rigurosa y consistente de prácticas validadas, aquellas que logran generar un impacto significativo en el aprendizaje cotidiano de los estudiantes. Aquí radica el verdadero desafío: valorar lo rutinario, lo sencillo y lo aparentemente "poco innovador" como un acto consciente de resistencia frente a la fascinación por las modas pasajeras.

Como hemos señalado, el propósito educativo debe estar siempre en el centro de nuestras decisiones. Esto implica desplazar la atención de las herramientas hacia los procesos y, más aún, hacia la reflexión sobre por qué hacemos lo que hacemos. Una herramienta, por atractiva o moderna que parezca, nunca será más importante que el propósito pedagógico que la guía. La clave está en no dejarnos llevar por las inercias que genera el mercado de la educación, en el que las soluciones pedagógicas se ofrecen como si fueran productos de consumo que requieren renovación constante. Salir de estas inercias no es tarea fácil, porque exige un esfuerzo consciente de cuestionar nuestras creencias, desafiar las modas y, sobre todo, reconocer los sesgos que nos llevan a preferir lo atractivo sobre lo efectivo.

Construir una educación verdaderamente eficaz requiere compromiso con la reflexión crítica, tanto individual como colectiva. Los docentes deben verse como agentes capaces de discernir entre propuestas fundamentadas y promesas vacías, priorizando siempre el aprendizaje de sus estudiantes. Adoptar esta postura implica un ejercicio de humildad profesional: reconocer que lo efectivo no siempre resulta visible ni espectacular, pero también ser valientes para resistir las presiones externas y dar el valor que merecen a las prácticas cotidianas que realmente transforman el aprendizaje. Solo así lograremos una educación que no esté a merced de las modas, sino que se apoye en principios sólidos y en un compromiso genuino con el progreso de nuestros estudiantes.

La educación a la penúltima

Comenzamos esta parte final del capítulo rescatando un titular: "En educación es mejor estar a la penúltima que a la última". La investigadora Marta Ferrero nos regaló esta frase con la que iniciamos el pensamiento sobre esta cuestión.

Y es que, hasta ahora, hemos hablado de los mitos y las modas como un fenómeno "neutro", que sucede por los mecanismos de pensamiento habituales. Pero hay otro aspecto del fenómeno que merece la pena explorar: el papel que tiene el consumismo metodológico y la lógica lucrativa en esto que llamamos innovación educativa.

Por consumismo metodológico en educación nos referimos a la adopción irreflexiva de estrategias, métodos o herramientas pedagógicos sin un análisis crítico de su relevancia, efectividad o adecuación al contexto específico. La característica diferencial de este fenómeno frente a los descritos al inicio del capítulo es que son impulsados en gran parte por la sobreoferta de recursos y la presión por seguir tendencias educativas.

Esta sobreoferta, promovida mediante el énfasis en la innovación constante, genera un contexto en el que las decisiones pedagógicas se ven más influenciadas por la moda o por intereses comerciales que por las verdaderas necesidades del alumnado o las evidencias empíricas. No hay más que ojear una de las revistas más difundidas entre las salas de profesores para constatar que tiene mucho en común con un catálogo comercial de dispositivos, mobiliario y soluciones de gestión. Las reflexiones pedagógicas son siempre a propósito de productos, que conllevan un coste económico, más que a propósito de procesos que no generan coste (ni beneficio, desde el punto de vista de los comerciales). En este contexto, los docentes, enfrentados a un sinfín de opciones y mensajes que prometen soluciones rápidas y eficaces, pueden experimentar una erosión de su juicio profesional. "Elegir qué comprar" se convierte entonces en la única opción posible.

De esta manera, en lugar de actuar como expertos reflexivos y adaptativos, corremos el riesgo de convertir a los que deberían diseñar la secuencia didáctica en meros implementadores de métodos estandarizados que no necesariamente responden a las realidades específicas de sus aulas, ni a lo que sabemos del aprendizaje. Además, todo esto puede llevar a los educadores a quedar atrapados en una constante búsqueda de "lo último" sin cuestionar su pertinencia o sustento en la evidencia. Este consumismo no solo diluye la autonomía profesional, sino que también promueve una dependencia hacia soluciones externas que mantengan el dinero fluyendo hacia los proveedores de dichas soluciones.

Ante este panorama, la tentación puede ser volcarnos en el otro extremo: pensar que los docentes somos los únicos que podemos aportar soluciones y que, hasta que nos hagan caso, no hay nada que hacer. La crítica razonable al consumismo pedagógico se convierte entonces en inmovilismo, como una forma tóxica de resistencia pasiva que perjudica especialmente al alumnado, pero también a la cultura profesional de la que tanto hemos hablado hasta ahora. Esta parálisis, lejos de ser una defensa legítima de la profesión, termina por erosionar el propósito de nuestra labor, que es la mejora constante del aprendizaje del alumnado. Al replegarnos en la inacción, corremos el riesgo de convertirnos en espectadores de un sistema imperfecto que, en lugar de desafiar, simplemente aceptamos como una excusa para justificar nuestro abandono de la responsabilidad pedagógica.

Los autores pensamos que los docentes nos hallamos siempre en un equilibrio complicado entre la reivindicación y la comodidad. Por un lado, es cierto que no todo depende de lo que hagamos los profesores en el aula, y hay que reivindicar las estructuras adecuadas para poder trabajar en las condiciones que permitan un mayor aprendizaje de todo el alumnado. No se trata de negar la importancia de factores como el tamaño de las clases, los recursos materiales o la formación continua, que son elementos esenciales para una educación de calidad. Sin embargo, también vemos que estas limitaciones, aunque reales, a veces se convierten en una excusa para el inmovilismo: *mientras no se haga nada, que no cuenten conmigo.*

Esta postura nos resulta difícil de justificar por dos razones principales. La primera es que cualquier medida que genere impacto en la educación necesariamente irá acompañada de una buena docencia. No hay nada que funcione sin una buena docencia: ni más o menos dispositivos, ni más o menos alumnado por aula, ni más o menos juegos. Dicho de otra manera, ninguna solución podrá suceder sin una apuesta decidida por una mejor docencia, como hemos tratado de explicar con anterioridad. Lo fundamental no son las herramientas, sino cómo se empleen esas herramientas. Es decir, que hay maneras de dar clase que son las mismas, haya una *tablet* por alumno o no haya ninguna *tablet*, por ejemplo.

La segunda razón es que podemos esperar a que lleguen las buenas noticias, pero nuestro alumnado no. Esto es, simple y llanamente, una cuestión del objeto de nuestra acción. Podemos dejar de pintar una casa y, dos años después, terminar la cocina y los baños. La casa seguirá siendo la misma. Pero esto no sucede con nuestro alumnado: el tiempo perdido es tiempo irrecuperable, que afectará a su desarrollo futuro. Construimos posibilidades de futuro, y, por tanto, no hacer nada es lo mismo que eliminar posibilidades. La clave aquí es cuidar a la vez nuestra salud mental y promover desarrollos sostenibles desde el punto de vista pedagógico, psicológico y laboral. No se puede reinventar la educación a costa de cargar de horas de trabajo a las personas. La verdadera transformación educativa debe surgir de una acción equilibrada, reflexiva y factible, que ponga siempre en el centro el bienestar y el aprendizaje del alumnado sin comprometer la dignidad y la sostenibilidad del ejercicio docente.

La docencia informada por las evidencias

Estas reflexiones abren la puerta a pensar en la formación docente como un espacio no solo de transmisión de habilidades y conocimientos, sino también de desarrollo de una *conciencia crítica colectiva*, que permita a los educadores navegar entre las presiones del consumismo pedagógico y la tentación del inmovilismo.

La formación docente necesita, por tanto, reflexionar sobre el papel del profesorado como agentes autónomos y reflexivos, capaces de resistir las dinámicas que impulsan muchas de las modas educativas. Esto significa formar a los docentes para que sean conscientes de las fuerzas que influyen en sus decisiones pedagógicas, ayudándolos a discernir entre lo que responde a las necesidades reales de sus alumnos y lo que solo satisface la presión por estar "a la última".

Debe fomentar una ética profesional basada en el equilibrio entre autonomía y apertura. Es crucial evitar el riesgo de caer en una resistencia pasiva que derive en inmovilismo, donde los docentes rechazan cualquier cambio bajo la premisa de que toda innovación está contaminada por intereses comerciales. En su lugar, los programas de formación podrían promover una actitud crítica constructiva, donde se valore la capacidad de los profesores para evaluar, adaptar e incluso transformar las propuestas metodológicas, en lugar de implementarlas sin cuestionamientos o rechazarlas de plano.

Finalmente, un aspecto fundamental es el papel central de los procesos, en contraposición a los productos, en el discurso pedagógico. Si bien el mercado educativo tiende a privilegiar soluciones que puedan empaquetarse, venderse y medirse fácilmente, la formación docente debería insistir en la importancia de los procesos de aprendizaje y enseñanza que no generan beneficios económicos, pero que tienen un impacto profundo en los estudiantes. Esto implica crear espacios de aprendizaje profesional donde los profesores puedan reflexionar en profundidad sobre los fundamentos teóricos y prácticos de su trabajo, con un enfoque en el *por qué* y el *para qué*, más allá del *cómo*.

Capítulo cuatro

El papel de la psicología cognitiva

Una introducción histórica

Los docentes, de cualquier etapa, trabajamos con el pensamiento. Como herramienta y fin, intentamos provocarlo en las condiciones que nos tocan cada día, a veces muy hostiles con el pensamiento. Por ello, uno de los pilares de nuestra formación debe ser la ciencia del pensamiento, esto es, la psicología. Especialmente aquella que estudia los procesos de relación entre el pensamiento y la capacidad de conocer: la psicología cognitiva.

Las personas hemos especulado sobre los procesos del pensamiento humano probablemente desde el origen de nuestra especie (e incluso antes[24]). Por ello, los testimonios escritos se remontan a los orígenes de la escritura, hace más de 23 siglos. Por ejemplo, el filósofo griego Aristóteles (384-322 a. C.) examinó temas como la percepción, la memoria y las imágenes mentales. También analizó cómo los seres humanos adquieren conocimientos a través de la experiencia y la observación (Sternberg y Sternberg, 1999[25]). Aristóteles hizo hincapié en la importancia de la evidencia empírica, o, dicho de otro modo, de las pruebas obtenidas mediante la observación cuidadosa y la experimentación. Su énfasis en la evidencia empírica y muchos de los temas que estudió son coherentes con los intereses de la psicología cognitiva del

---

[24] García Doval, F. (2023): *La educación es otra historia*. ISTF-Graó.

[25] Robert J. Sternberg, Robert J. y Sternberg, Karin (2016): *Cognitive Psychology* Wadsworth Publishing.

siglo XXI. Sin embargo, la psicología como disciplina experimental en sí misma no surgió hasta finales del siglo XIX.

El origen de la psicología experimental suele situarse en la obra de Wilhelm Wundt, que vivió entre 1832 y 1920. Wundt fue el primero en tratar de estudiar el pensamiento humano de una manera empírica, a través de lo que denominó la introspección (Matlin, 2009). Este método consistía esencialmente en que observadores cuidadosamente entrenados analizaran sistemáticamente sus propias sensaciones y las comunicaran de la forma más objetiva posible, en condiciones estandarizadas. Aunque ahora quizá nos resulte un tanto ingenuo pensar que uno puede analizar sus propios pensamientos de manera objetiva, Wundt fue el primero en plantear un método sistemático de observación del comportamiento. La discusión sobre este tipo de métodos, en concreto aplicados al aprendizaje, será una de las cuestiones centrales de este capítulo.

En la misma época de Wundt se realizó otra de las primeras investigaciones sistemáticas sobre un proceso cognitivo. Hablamos de la obra del psicólogo alemán Hermann Ebbinghaus, que vivió entre 1850 y 1909. Ebbinghaus estaba interesado en la memoria humana, y para ello examinó su propia capacidad de memorización. En concreto, trató de definir diversos factores que podían influir en el rendimiento en tareas de memoria, como la cantidad de tiempo entre dos presentaciones de una lista de elementos. Con frecuencia elegía sílabas sin sentido (por ejemplo, DAX). Aunque los estudios de Ebbinghaus se llevaron a cabo con un solo individuo (él mismo), se han replicado sus resultados con sorprendente precisión. Como podemos ver, ambos pioneros empezaron estudiando el único pensamiento que tenían al alcance de la mano: el suyo propio. Lo que Ebbinghaus aportó es la demostración de la inevitable pérdida de aquello que no procesamos habitualmente, como el PIN de nuestro teléfono móvil.

Mientras tanto, en Estados Unidos, psicólogas como Mary Whiton Calkins (1863-1930) realizaban investigaciones similares. Calkins describió un fenómeno de la memoria denominado efecto de recencia. El efecto de recencia se refiere a la observación de que nuestro recuerdo es especialmente preciso para los últimos elementos de una serie de estímulos (como una lista de palabras o números). Además, Calkins hizo hincapié en que la psicología debería estudiar cómo las personas reales utilizan sus procesos cognitivos en el mundo real (Willingham, 2009), en lugar de en tareas artificiales de laboratorio. Calkins también fue la primera mujer en presidir la Asociación Americana de Psicología, que es la que publica las famosas normas de citas APA como las que utilizamos en este libro y en la mayoría de los artículos científicos.

Finalmente, otra figura central en la historia de la psicología cognitiva fue el estadounidense William James (1842-1910). A James le interesaba teorizar sobre nuestras experiencias psicológicas cotidianas. Se le conoce sobre todo por su libro de texto *Principios de psicología*, publicado en 1890, que prefigura numerosos temas que fascinan a los psicólogos cognitivos del siglo XXI, como la percepción, la atención, la memoria, la comprensión y el razonamiento. Además, su libro sigue siendo un clásico por la capacidad descriptiva del autor. Consideremos, por ejemplo, la vívida descripción de James de la experiencia de la punta de la lengua:

"Supongamos que intentamos recordar un nombre olvidado. El estado de nuestra conciencia es peculiar. Hay un vacío, pero no un simple vacío. Es un vacío intensamente activo. Una especie de espectro del nombre está en él, haciéndonos señas en una dirección determinada, haciéndonos estremecer por momentos con la sensación de nuestra proximidad y dejándonos luego hundirnos de nuevo sin el término añorado". (James, 1890, p. 251)

Para aplicar en el aula

El olvido es parte del aprendizaje

Los trabajos posteriores a Ebbinghaus, por ejemplo, de Elizabeth y Robert Björk, han apoyado la hipótesis de que el olvido es una parte inherente al aprendizaje. De esta manera, algunas propuestas apuntan a utilizar el olvido para mejorar el aprendizaje: por ejemplo, cuando dejamos un tiempo entre trabajar una idea en clase y preguntar por ella. Aunque cueste más trabajo recordarla, y parezca que se ha olvidado, el esfuerzo por recordar hace que aumente el aprendizaje. De esta manera, espaciar las sesiones de práctica es una de las sugerencias que provienen de las investigaciones de Ebbinghaus.

En resumen, en las últimas décadas del siglo XIX, la psicología iba formulando inquietudes sobre los procesos cognitivos fundamentales, y tanteaba métodos que permitieran explorar estos procesos de una manera más experimental, por ejemplo, comprobando la tasa de olvido de listas de palabras. Ya se anticipaban muchas cuestiones que ocupan los debates sobre el papel de la psicología cognitiva en educación: si los experimentos realizados en el laboratorio serían consistentes con las experiencias en el mundo real o si el aprendizaje era solo cuestión de procesamiento de la información o existen más factores en juego, por poner dos ejemplos de lo que hablaremos después.

En el fondo, estas primeras referencias ya nos sugieren que el estudio de la psicología es muy relevante para nuestras clases: ¿se aprende mejor lo que se aprende al final?, ¿cómo funciona el olvido?, ¿qué pasa cuando crees que sabes algo, pero no consigues expresarlo en palabras? Resultan cuestiones posibles en nuestro día a día. Lo que cambia es la creencia de que tal vez podamos realizar experimentos empíricos que nos ayuden a explicar y predecir procesos como los que son responsables de todos estos fenómenos. Por ello, sigamos con la psicología cognitiva.

Con la llegada del siglo XX, la psicología desarrolló los principios del conductismo. Los conductistas pensaban que la experimentación debe centrarse en las reacciones objetivas y observables a los estímulos del entorno, en lugar de en procesos subjetivos como la introspección. El más destacado de los primeros conductistas fue el psicólogo estadounidense John B. Watson, que vivió entre 1878 y 1958. Watson y otros conductistas hacían hincapié en el comportamiento observable y, por lo general, estudiaban animales no humanos (Benjamin, 2009). Otro psicólogo relevante de esta época es Edward Thorndike, estadounidense que vivió a finales del siglo xix y principios del xx. Thorndike es famoso por su teoría del condicionamiento operante, que postula que las respuestas de los organismos pueden modificarse por sus consecuencias, o sea, que las que conducen a resultados positivos se repetirán, y las que conducen a consecuencias negativas se suprimirán.

Esta idea fue fundamental en el desarrollo del conductismo y tuvo un impacto profundo en la educación y la psicología aplicada. La mayoría de los conductistas creían que era inapropiado teorizar y especular sobre componentes inobservables de la vida mental, de manera que al final serían tan objetivables como una observación del mundo natural; por ejemplo, que ayer llovió. Como resultado, los conductistas no consideraron necesario investigar conceptos como las imágenes mentales, una idea o un pensamiento (Skinner, 2004). En su lugar, los conductistas se centraron en gran medida en el aprendizaje entendido como un cambio observable en el comportamiento. Es decir, estaban especialmente interesados en cuantificar la forma en que los cambios en el entorno de un organismo producían cambios en su comportamiento.

Para aplicar en el aula

El aprendizaje por condicionamiento, una receta cuestionable

Como entenderá cualquier lector que haya pasado por el sistema educativo, las ideas del conductismo tuvieron y tienen un impacto profundo en el quehacer de los docentes. Bajo sus premisas, podemos influenciar el comportamiento del alumnado creando un sistema de incentivos que modere las respuestas deseadas. Por poner un ejemplo, cada vez que utilizamos un sistema de pegatinas, sellos o positivos estamos apelando a las recompensas y esperando que la conducta cambie por asociación con esos premios.

Más importante todavía, también esperamos (aunque no seamos conscientes de ello) que esa conducta se convierta en un hábito y acabe sucediendo en ausencia de ese premio. Por ejemplo, si acostumbramos al alumnado a estar tranquilo en clase para evitar un negativo, lo que implícitamente asumimos es que llegará un momento en el que se portará bien en ausencia del reforzador negativo, porque se habrá habituado al nuevo comportamiento. Si además esto ocurre en un grupo en el que el contagio de comportamientos es frecuente, ya tenemos la receta creada: premios y castigos de todo tipo y condición, utilizados en las aulas de medio mundo.

El papel del conductismo en educación es controvertido, y personalmente creo que se trata de uno de esos campos llenos de aristas y matices, que no se puede aceptar ni desechar como un todo. Es cierto que entender el aprendizaje solo como condicionamiento es incorrecto, como incorrecto es rechazar cualquier idea conductista simplemente porque lleve ese nombre. El papel de los premios y castigos en el aprendizaje es un tema que sigue siendo actual, pero que escapa de los objetivos de este libro.

El final del conductismo

Sin embargo, el gran problema del conductismo radica en que el cambio de comportamiento, observable, puntual, no siempre se traduce en un aprendizaje, especialmente a largo plazo. Más bien, en el ejemplo que hemos desarrollado, el alumnado puede acabar siendo dependiente de los premios o castigos y no desarrolla ningún hábito propio, sino la necesidad de un premio para hacerlo bien, o la habilidad de comportarse o disimular de una manera determinada para evitar el castigo.

Todos estos casos pueden provocar efectos devastadores sobre la motivación y la autorregulación, porque el problema es que a largo plazo necesitaremos un reforzador externo que guíe y motive el comportamiento. En definitiva, el problema del conductismo es que no todo aprendizaje se traduce en una conducta visible, ni toda conducta visible ocurre por un aprendizaje. Las primeras críticas al conductismo no vinieron del aula, eso sí, sino de otros campos.

Mientras en Estados Unidos se avanzaba en las ideas conductistas, en Europa nacía a principios del siglo xx la Gestalt. Los psicólogos de la Gestalt valoraban la unidad de los fenómenos psicológicos, y de hecho Gestalt significa "forma" o "fondo", enfatizando que percibimos a través de procesos globales. Como resultado, se opusieron firmemente a la técnica introspectiva de Wundt, y también criticaron el énfasis de los conductistas en dividir la conducta en parámetros observables de estímulo-respuesta.

Con sus luces y sus sombras, la Gestalt supuso un primer golpe al conductismo que fue muy importante en el desarrollo posterior de la psicología cognitiva. Todavía resuenan muchas ideas de la Gestalt, como la "persona integral", el "enfoque holístico", que en el fondo determinan que el todo es más que la suma de las partes, y que, por tanto, se trata de comprender la globalidad y no cada parte. Sus ideas siguen presentes en la psicología y la pedagogía actuales, al igual que las ideas conductistas.

Las críticas a la Gestalt se basan en dos puntos: por un lado, para tener una visión global necesitas a veces simplificar procesos muy complejos. Según estas críticas, la Gestalt simplifica en exceso la complejidad de los procesos cognitivos al enfocarse en la percepción y organización de estímulos, dejando de lado aspectos importantes del aprendizaje. Por otro lado, las ideas de la Gestalt a menudo carecen de rigurosidad experimental en comparación con otras teorías del aprendizaje. Muchas de sus ideas se basaron en observaciones y reflexiones más que en investigaciones controladas y empíricas, y, por tanto, son objeto de interpretaciones ambiguas y malas interpretaciones frecuentes.

A principios del siglo xx, los conductistas dominaban en Estados Unidos y los psicólogos de la Gestalt influían en la Europa continental. Y es en este contexto donde acaece lo que se ha venido a llamar la "revolución cognitiva". Podemos pensar que el término es exagerado, porque se venía transitando ya por caminos de ideas que confluyeron en este período. Sin embargo, los cambios de planteamiento sí que son significativos para la psicología del aprendizaje, ni más ni menos porque se opusieron a la idea conductista de que todo aprendizaje proviene de un condicionamiento; y a la idea gestáltica de que el aprendizaje es un proceso complejo que no se puede analizar en procesos o partes más pequeñas.

Como precursor inmediato, es de justicia mencionar en primer lugar al psicólogo británico Frederic Bartlett y sus investigaciones sobre la memoria humana. En concreto, Bartlett promovió investigaciones sobre los aspectos constructivos de la memoria. Es decir, descubrió que las personas cometen errores sistemáticos cuando intentan recordar algunas historias. Se basó en un famoso experimento en el que personas anglosajonas debían recordar un cuento de los nativos americanos. Las personas recordaban el cuento adaptando ciertos aspectos. Propuso, por tanto, que la memoria humana es un proceso activo y constructivo en el que interpretamos y transformamos la información que encontramos. Buscamos un significado, tratando de integrar esta nueva información para que sea más coherente con nuestras propias experiencias personales.

Para aplicar en el aula

La memoria, un proceso constructivo

Gran parte de la esencia de las ideas de Bartlett sigue vigente, y tiene profundas implicaciones para el aprendizaje. Porque la memoria no es un proceso repetitivo, sino constructivo. Esta idea es importante, y se ha desarrollado muchísimo, como veremos más adelante. ¿Esto qué tiene que ver con nuestras clases? Para empezar, es imprescindible abandonar la idea de que la memoria es como una especie de vasija que hay que llenar. Porque los procesos de memorización no se corresponden con una transmisión o un flujo de una fuente a un recipiente. Más bien, deberíamos entender el aprendizaje como incorporar nuevos hilos a un tapiz, entretejiéndolos con el tapiz ya existente, que va cambiando a su vez a medida que se incorporan nuevos retazos.

Cada vez que dedicamos tiempo a generar conexiones entre ideas, variándolas para contrastarlas y compararlas, nos basamos en principios derivados de lo que acabamos de desarrollar. Preguntarse por las conexiones entre ideas suele ser, en general, una parte desatendida del currículo. Si la memoria funciona con conexiones jerárquicas y altamente organizadas, el currículo no debería consistir en un listado de ideas como una lista de la compra.

La revolución cognitiva

A partir de Bartlett, las teorías sobre la enseñanza y el aprendizaje desde la perspectiva de la psicología cognitiva van a desarrollarse con una enorme variedad y complejidad, y por ello muchos autores denominan esta etapa como la "revolución cognitiva". Ausubel, Piaget, Chomsky o Bruner son representantes de este período.

No sería preciso decir que Noam Chomsky "refutó" las ideas conductistas, pero su trabajo tuvo un impacto significativo en el cuestionamiento de algunas de las principales ideas conductistas en psicología y lingüística. Su crítica más famosa se centró en la obra de Skinner, particularmente en su libro *Verbal Behavior* (1957), donde Skinner intentaba explicar el lenguaje desde una perspectiva conductista. Chomsky argumentó que las explicaciones conductistas no podían dar cuenta de la rapidez y la complejidad del aprendizaje del lenguaje observado en los niños. Señaló que la capacidad de los niños para adquirir un lenguaje complejo en un período de tiempo relativamente corto no podía explicarse solo mediante el refuerzo y la imitación, como sostenían los conductistas.

Chomsky propuso, en cambio, la teoría innatista del lenguaje. Esta teoría sugiere que los humanos tienen una predisposición biológica innata para adquirir el lenguaje. Argumentó que existe una "gramática universal" incorporada en la mente humana que facilita el aprendizaje del lenguaje. Esta perspectiva desafió las nociones conductistas de que todo aprendizaje se basa en la experiencia y el entorno externo, ya que de hecho no somos un "lienzo en blanco", dispuestos a ser modelados por el entorno. La neurociencia y la psicolingüística han confirmado estas ideas, proponiendo que nacemos con ciertas estructuras cognitivas que nos permiten, por ejemplo, inferir y razonar para aprender palabras y contar un número de objetos aproximados.

Las ideas de Chomsky referidas al lenguaje fueron importantes porque volvían a incidir en la importancia de las conexiones, ya que la relación entre palabras se propone mediante una "red léxica" de palabras relacionadas, de manera que, por ejemplo, al pensar en la palabra "perro" acudan a nuestra mente palabras como "mascota", "lametón", "compañía", "ladrido", … Enfatizamos de nuevo esta idea del aprendizaje como un entretejer ideas y palabras, con redes de conexiones de significado y relaciones entre conceptos, ideas y abstracciones. Chomsky pensaba que la mente humana posee una predisposición biológica para la construcción de significado a través del lenguaje.

La construcción de significado: Ausubel y Bruner

El constructivismo como teoría del aprendizaje surgió en los inicios del siglo xx, y ya había sido anticipado en las ideas de Bartlett, como dijimos unas páginas más atrás. David Ausubel suele considerarse uno de los padres de la corriente constructivista, aunque hay autores que no lo consideran así por problemáticas ajenas al propósito de este libro.

Fue un psicólogo estadounidense con un papel clave, además, en el campo del aprendizaje significativo. Desarrolló una teoría que se centraba en la importancia de la organización y la estructura del conocimiento en el proceso de aprendizaje. Según Ausubel, el aprendizaje significativo ocurre cuando el nuevo conocimiento se relaciona de manera estrecha con la estructura cognitiva existente del individuo, integrándose con conceptos previos de manera coherente. A este proceso lo llamó asimilación.

Además, Ausubel defendía que los conocimientos previos se estructuran en unidades jerárquicas mediante subsumisión, como las muñecas rusas: ideas dentro de ideas. Por ejemplo, la caída del Imperio chino y la Revolución francesa podrían agruparse en una categoría mayor: grandes cambios de régimen. Sus ideas pueden resumirse en una frase muy sencilla: *el factor más importante que afecta a lo que una persona puede aprender de un tema es lo que ya sabe sobre ese mismo tema.*

Por otro lado, Ausubel también contribuyó al desarrollo de estrategias de enseñanza que fomentan la construcción activa del conocimiento, destacando la importancia de la claridad conceptual y la organización del material educativo.

Para aplicar en el aula

Conectar ideas nuevas con conocimientos previos

Vamos vislumbrando con el paso de las teorías una de las mayores contribuciones que nos puede aportar la psicología cognitiva: que aprender es construir significado, y que esto se hace esencialmente conectando las nuevas ideas con los conocimientos previos del alumnado. La activación de conocimientos previos es un paso esencial, pues es el que permite asentar los cimientos sobre los que sucederá el aprendizaje. Y esto no se parece a una evaluación diagnóstica al inicio de curso, sino en la manera correcta de introducir cualquier aprendizaje nuevo en el día a día del aula.

Esto de que aprender es conectar es una de nuestras ideas favoritas, y de hecho la puedes encontrar bien desarrollada en el libro *En blanco: Cómo focalizar la atención, la memoria y la motivación para aprender*, escrito por uno de los autores de este libro.

De la misma época que Ausubel es Jerome Bruner, otro destacado psicólogo estadounidense que ha dejado una huella significativa en la psicología y la pedagogía, porque fue de los más preocupados en las implicaciones de sus ideas sobre el aprendizaje en el sistema educativo. Bruner fue durante muchos años uno de los mayores exponentes del constructivismo, que, como hemos dicho, enfatiza el papel activo del individuo en la construcción de su conocimiento. Propuso que el aprendizaje es un proceso activo en el cual los individuos seleccionan, organizan e interpretan la información. Os aconsejo que os quedéis con estas tres palabras que se resumen en el acrónimo SOI: seleccionar, organizar e interpretar. Son recurrentes en la psicología cognitiva, y muy importantes para las teorías más actuales sobre el aprendizaje, como veremos más adelante.

Sin embargo, Bruner acabó siendo muy crítico con la revolución cognitiva de la que había sido parte. Sus críticas siguen siendo relevantes en la actualidad, y nos aconsejan incluir otros factores en la cognición más allá del procesamiento de la información. En esencia, la teoría de Bruner no solo concibe la educación como un proceso interactivo y colectivo, sino que también aboga por un enfoque gradual y progresivo en la presentación de contenidos. Este enfoque, denominado "andamiaje", no solo fomenta la comprensión a largo plazo, sino que también reconoce la capacidad de los estudiantes para asimilar conceptos complejos a medida que avanzan.

Un concepto introducido por Bruner es la "espiral curricular". Según esta idea, los temas educativos deben presentarse a los estudiantes en diferentes niveles de complejidad a lo largo de su educación. Imagina esta espiral como un ascenso gradual hacia la comprensión más profunda, donde los estudiantes se encuentran con los mismos conceptos en diversas etapas de su desarrollo. Cada encuentro con un tema permite una exploración más profunda y una comprensión más rica, construyendo capas de conocimiento con el tiempo.

Sobre todo, acabó su vida insistiendo en que el aprendizaje no consiste solo en memorizar datos, sino también en dotar de significado a la información, integrándola en un marco coherente que permita su comprensión y aplicación en situaciones diversas. Por eso destacó la importancia de la narrativa y la representación simbólica como herramientas fundamentales para la comprensión profunda, defendiendo la importancia de contextualizar el aprendizaje dentro de una estructura cultural compartida.

En resumen, aunque Ausubel y Bruner comparten raíces constructivistas y la idea del aprendizaje significativo, difieren en sus enfoques específicos sobre la enseñanza y la naturaleza del conocimiento previo. Ausubel se centra más en la organización de la estructura cognitiva individual, mientras que Bruner destaca la importancia de la estructura del conocimiento cultural compartido y aboga por un aprendizaje más centrado en el descubrimiento del propio alumno.

La importancia del desarrollo: Piaget

Paralelamente a estos dos grandes autores, el psicólogo suizo Jean Piaget desarrollaba su teoría del desarrollo cognitivo, que sugiere que los niños pasan por etapas cualitativamente diferentes en su pensamiento a medida que maduran. Su enfoque en el desarrollo cognitivo y la construcción activa del conocimiento por parte de los individuos desafió, junto a los otros ya desarrollados, las ideas conductistas de que el aprendizaje se basa principalmente en estímulos y respuestas externas, porque las etapas se asocian a la maduración cognitiva del niño más que la presencia de unos determinados estímulos. Aunque esta idea del desarrollo en etapas concretas ha sido más que matizada, Piaget estaba, en este sentido, en la línea de Chomsky sobre el papel de las características innatas de la cognición.

Con Ausubel, Bruner y Piaget se caminaron los primeros pasos hacia un modelo general de la arquitectura cognitiva humana, y hacia la definición de un modelo general de procesamiento de la información. Por eso, a partir de la década de 1960, los psicólogos empezaron a crear modelos de cómo fluye la información a través de los sistemas cognitivos, especialmente de la memoria.

Este enfoque del procesamiento de la información sostenía inicialmente que (a) nuestros procesos mentales son similares a las operaciones de un ordenador, y (b) la información progresa a través de nuestro sistema cognitivo en una serie de etapas. Aunque inicialmente se utilizó la analogía con un computador, en parte porque el desarrollo de estas teorías coincidió con los inicios de la computación, esta idea ha sido matizada y, en general, sustituida por otras desde hace décadas. Hoy día, ninguna persona experta en psicología cognitiva considera la memoria humana como un sistema análogo a una computadora.

Generalmente, y como hemos desarrollado en otras partes de este libro, se entiende o se comunica (de manera equivocada) que la psicología cognitiva podrá dar respuestas contundentes e inequívocas a lo que funciona. Sin embargo, es fácil comprender que las situaciones y contextos de cada aula son tan diferentes que resulta muy complicado establecer firmemente algo que funciona en todas las situaciones. Por eso afirmamos que hay cosas que funcionan "en general", y otras cosas que "en general" no funcionan.

Sin embargo, esta perspectiva, bajo nuestro punto de vista, tiene la problemática de que pasa por alto que el aprendizaje sucede en el contexto de una relación entre personas, y que, por tanto, afirmar que algo funciona "en general" puede ser equívoco. Además, cualquier conocimiento científico es provisional, y por eso el matiz no es baladí. De ahí que, desde el punto de vista de los educadores, más que aportarnos "qué funciona", la psicología cognitiva responde a preguntas relacionadas con "cómo y por qué funciona".

Por poner un ejemplo, pensemos en la realización de esquemas y mapas conceptuales. Es algo muy habitual en las aulas. Al realizar estudios sobre la realización de mapas conceptuales, por lo general, no se busca responder a una hipotética situación de mapas conceptuales sí o no. Lo que se busca es indagar en cómo se pueden utilizar los mapas conceptuales para, en general, favorecer la comprensión. O en los procesos de la memoria que movilizan los mapas conceptuales, para entender por qué ayudan los mapas conceptuales en las situaciones en las que esto ocurre.

Lo que sucede es que los docentes no estamos acostumbrados a que nos hablen de los principios y las limitaciones, sino más bien a que nos traten de convencer con bondades inacabables de promesas y soluciones. Pero estaría muy bien que nos acostumbráramos a esta idea: somos diseñadores, no implementadores. No aplicamos un método, sino que lo comprendemos y por eso podemos modificarlo ex profeso.

La psicología cognitiva actual

La psicología cognitiva actual trata de tomar datos con el fin de obtener información sobre constructos abstractos. Un constructo abstracto es un conjunto teórico de procesos y representaciones que son útiles para explicar algunos datos, en el fondo, como una miniteoría (Willingham, *Cognition*). Mediante experimentos bien diseñados, podemos inferir este constructo abstracto, inobservable, de un comportamiento observable. Por ejemplo, podemos inferir los procesos que suceden en la lectura mediante experimentos en los que observemos el movimiento ocular y comprobemos la comprensión de lo que se ha leído. En este caso estudiamos cómo nuestra mente lee (constructo abstracto) mediante observaciones concretas.

Desde el punto de vista de los educadores, hay dos ramas de la psicología cognitiva que nos interesan especialmente y que desarrollaremos a lo largo de lo que nos resta de capítulo: las teorías sobre el procesamiento de la información y las teorías sobre la construcción de significado. Ambos enfoques son complementarios, aunque sus conclusiones no siempre con compatibles. Debido a que la revolución cognitiva es muy reciente, y el avance en métodos de investigación es grande, resulta un campo en continuo desarrollo y con aportaciones constantes que pueden modificar nuestra comprensión y lo que hemos desarrollado hasta ahora. En definitiva, lo que hemos expuesto no es más que una historia de las ideas, que han ido cambiando y aproximándose al conocimiento que tenemos actualmente y que resulta el mejor acercamiento a la verdad que tenemos disponible hoy día.

Teorías del procesamiento de la información

Desde el punto de vista del procesamiento de la información, la psicología cognitiva nos puede aportar muchas ideas relevantes acerca de cómo funciona la memoria. En primer lugar, es necesario aclarar que por memoria no nos referimos exclusivamente a lo que aprendemos "de memoria", sino a todo lo que aprendemos. El olor de la casa de mi abuela, el gesto que hace falta para apagar una alarma y todo lo que hemos aprendido se encuentra en nuestra memoria.

Dicho esto, nos interesa profundizar en los modelos de procesamiento de la información, especialmente el propuesto inicialmente por Atkinson y Shiffrin, y modificado luego por Graham Hitch y Alan Baddeley. Este último ha sido uno de los investigadores que más han contribuido a nuestra comprensión sobre cómo funciona la memoria, publicando actualizaciones sobre los sistemas de memoria a lo largo de los años. Según este modelo, la información llega a través de la percepción a una primera parte sensorial, que corresponde habitualmente a los órganos de los sentidos y a una memoria sensorial muy breve. Después, si se dedica la suficiente atención, existe un conjunto de procesos mentales donde se opera con la información.

Profundizando en este sentido, se puede apreciar cómo la atención es el paso entre la percepción y la memoria de trabajo. Más allá de discusiones actuales sobre si la atención es parte de la memoria de trabajo o no, lo que resulta de mucha utilidad es, como ya hemos dicho, que la atención es la antesala de la memoria de trabajo. No es un filtro, sino el combustible necesario para un pensamiento más profundo, un procesamiento cognitivo continuo. Por eso, practicar algo y convertirlo en un proceso automatizado sería como reducir la cantidad de combustible, disminuyendo las demandas atencionales de una tarea.

Aquí llega un momento en el que necesitamos pararnos para enhebrar bien dos ideas que son aparentemente contradictorias, pero ambas con un apoyo experimental robusto. Por un lado, no cabe duda de que, por lo que sabemos hoy, el aprendizaje es un proceso constructivo, no repetitivo. Por otro lado, la práctica frecuente es necesaria para desarrollar las habilidades cognitivas. Es decir, que los procesos automatizados en la atención, percepción, memoria y resolución de problemas nos permiten realizar tareas cognitivas complejas (Bruning, 2011). Así que nos encontramos, como en tantos otros casos, con que la realidad es más compleja y no resulta adecuado afirmar con rotundidad que repetir una cosa sea bueno o sea malo. Más bien cabría preguntarse para qué estamos repitiendo esa cosa. Por ejemplo, no tiene sentido copiar los enunciados de un problema pensando que así se entenderán mejor. En realidad, solo se comprenderán mejor si se piensa en ellos.

Pero hay una parte de cualquier aprendizaje que sí tiene sentido repetir: aquella práctica que nos permita automatizar un proceso, de manera que ya no tengamos que dedicar atención para realizarlo. De este modo ganamos fluidez. La fluidez es un concepto que resulta especialmente interesante: para algunas personas de nuestra clase, calcular, escribir o leer supone como tragar un chocolate espeso. Algo que sucede con gran dificultad, a trompicones. La práctica va aligerando la espesura, hasta lograr un café con leche que se traga sin dificultad.

Para aplicar en el aula

Automatización al servicio de la comprensión

Así son las ideas que nos aporta la psicología cognitiva: no son recetas, son afirmaciones aproximadas, que requieren contexto y comprensión. De manera que si preparamos una actividad en la que exista una parte de repetición, debemos pensar bien en la práctica que queremos consolidar con esa repetición. Solo tiene sentido si esa práctica puede liberar recursos atencionales a largo plazo. ¿Qué tareas cognitivas complejas apoyará la automatización posteriormente? Si tenemos esto claro, adelante. Porque la automatización no es nada malo, siempre que se ponga al servicio de un bien superior: la comprensión. Por eso, la práctica de la mecanografía me permite "olvidarme" totalmente de las teclas que estoy pulsando con los dedos ahora mismo, y de esta manera mi atención se dirige totalmente a lo que estoy escribiendo.

A su vez, la atención es la antesala de la memoria de trabajo, que se puede definir como "un sistema con muchas partes que sostiene temporalmente y manipula información mientras realizamos tareas cognitivas" (*Cognition*, Marlin, 2009). Es decir, es el espacio mental breve e inmediato para una cantidad limitada de información que procesamos en un instante concreto (Fernández, 2024). Corresponde a la parte consciente y la denominamos también memoria de operativa precisamente porque ahí es donde operamos con la información. Estos procesos mentales pueden acabar llevando esa información a la memoria a largo plazo, donde se almacena mediante ese constructo que llamamos aprendizaje.

Uno de los textos que marcan el comienzo de la expansión de la psicología cognitiva es el famoso artículo de George Miller "The Magical Number Seven, Plus or Minus Two: Some Limits on Our Capacity for Processing Information". Este artículo fue publicado en 1956 en la revista *Psychological Review*. Miller exploró la capacidad limitada de la memoria a corto plazo humana y sugirió que el número de elementos que una persona puede retener en su memoria inmediata es aproximadamente de siete, más o menos dos elementos. Este concepto se conoce como el "número mágico 7±2" y ha tenido un impacto significativo en la psicología cognitiva y en la comprensión de la capacidad de procesamiento de la información en el cerebro humano.

Sin embargo, su impacto no resultó tanto por el número de elementos, ya que ahora se sospecha que está más cerca de cuatro más menos uno. Lo relevante de los estudios de Miller, y lo fundamental para los educadores, es que la memoria de trabajo es sensible al número de elementos, no a su tamaño. Es decir, si agrupamos la información en unidades de significado cada vez mayores, podemos aumentar la capacidad de procesamiento de la memoria de trabajo. Esto es fácil de entender con un ejemplo, imagina que te pido que recuerdes esta secuencia de letras:

NBAFIFATVONUUNESCO

y la transformo en una secuencia de acrónimos con significado:

NBA FIFA TV ONU UNESCO

Por tanto, una de las ideas que nos puede aportar la psicología cognitiva como docentes es que lo que aprendemos se almacena en forma de red de significados, y que cuanto más organizada está dicha red, más fácil es para la memoria de trabajo manipular y comprender las cosas nuevas que hayan de integrarse en esa red. Dicho de otro modo, esta idea supone una invitación constante a pensar en nuestras materias como una red de ideas conectadas. ¿Cuáles son las tres o cuatro ideas principales? ¿Cómo se conecta esto que vamos a aprender esta semana con alguna de estas ideas? De esta manera, no solo secuenciamos el aprendizaje, sino que también lo disponemos en un formato más asequible para la memoria de trabajo.

Teoría Cognitiva del Aprendizaje Multimedia

Una de las aportaciones más significativas en este campo es la Teoría Cognitiva del Aprendizaje Multimedia, de Richard Mayer. Esta teoría se basa en la idea de que la combinación de diferentes medios mejora el aprendizaje, siempre que respetemos una serie de principios. Por diferentes medios nos referimos principalmente a medios verbales, como texto o audio con palabras, y a medios visuales, como imágenes o vídeos. Combinar ambos tipos de medios puede mejorar significativamente el proceso de aprendizaje. Mayer sostiene que el aprendizaje se facilita cuando la información se presenta de manera dual, es decir, tanto verbal como visualmente. Además, sugiere que el diseño multimedia debe minimizar la carga cognitiva ajena, es decir, elementos que no contribuyen al aprendizaje, y maximizar la carga cognitiva intrínseca, relacionada con la tarea de aprendizaje en sí. Esto implica presentar la información de manera clara y concisa, evitando distracciones innecesarias.

Este enfoque se basa en la llamada codificación dual, propuesta por Alan Paivio, y busca aprovechar que la memoria de trabajo tiene dos canales diferentes de procesamiento de la información: uno visual y otro auditivo. Aprovechar ambos canales puede mejorar la comprensión de la información, como de hecho hacemos cada vez que apoyamos una explicación con una imagen.

Pero una forma diferente de aplicar este principio es que sean los propios alumnos los que generen un diagrama o un mapa mental de lo que van aprendiendo. Realizar estas actividades tiene como objetivo organizar las ideas en estructuras jerárquicas y de relación de significado, como decíamos anteriormente. Por eso, realizar esquemas solo sirve si la persona que los realiza piensa en las relaciones en términos de significado.

Quizá a los docentes nos pueda parecer bastante obvia esta conclusión, que es bueno combinar texto con imágenes para ayudar a la comprensión. Pero resulta interesante, como decimos, detenerse en los detalles. De hecho, no siempre ayudan, como veremos a continuación.

En el corazón de la teoría de Mayer se encuentran los principios de contigüidad temporal y espacial, que establecen que la imagen y el texto deben presentarse al mismo tiempo y en el mismo lugar para maximizar la conexión entre las palabras y las imágenes. Por ejemplo, colocar un texto que explique una imagen en la página siguiente no es buena idea. Incluso, siempre que se pueda, lo mejor es embeber el texto justo al lado de la imagen que representa, como en un esquema de las partes de una cosa. Mayer también enfatiza la importancia de no utilizar imágenes como adornos, algo cada vez más habitual. Si la imagen no aporta, dificulta. Llenarlo todo de animaciones, colores y estímulos es mala idea. Abruma nuestra atención.

En este sentido, la teoría destaca la importancia de pensar en mecanismos para orientar la atención, diseñando materiales que estén pensados para dirigir la atención del aprendiz hacia la información clave. Mayer propone estrategias como señalar, resaltar y guiar visualmente al usuario para ayudar a enfocar su atención en los elementos más relevantes.

Otro aspecto central de la teoría es la gestión de la carga cognitiva, que se refiere a la cantidad de esfuerzo mental requerido para procesar la información. La carga cognitiva impone límites al aprendizaje, porque nuestra memoria de trabajo no puede manejar muchos elementos a la vez. Una forma sencilla de comprobarlo es calcular mentalmente 3 x 5, luego 33 x 5 y finalmente 33 x 55. A medida que añadimos elementos que operar, la memoria de trabajo se satura. Sucede lo mismo cuando tratamos de aportar mucha información en poco tiempo, algo que los docentes podemos sentirnos tentados a hacer cuando el temario es amplio y el tiempo es escaso. Sin embargo, tiene poco sentido cubrir el currículo como una carrera de fondo donde la comprensión es escasa. Volvemos al principio de tener claras las ideas principales y las relaciones entre ellas.

La teoría de Mayer, por consiguiente, nos anima a minimizar la carga cognitiva extrínseca al propio material, eliminando aquellas cosas que no aportan nada al aprendizaje. Además, hay que gestionar la carga cognitiva intrínseca, que es la que corresponde a la dificultad del propio material. Como hay cosas difíciles que se tienen que aprender, es preciso gestionar esta dificultad.

Una de las maneras que sugiere Mayer para gestionar la carga intrínseca es proporcionando una guía al aprendizaje, que se va retirando poco a poco. Es decir, podemos aportar materiales de apoyo para todos al principio, y luego ir abandonándolos en función de la evolución personal de cada estudiante. Esta estrategia funciona en los primeros momentos del aprendizaje de algo nuevo, pero no siempre es eficaz.

Los enfoques de secuenciación de tareas de lo sencillo a lo complejo son muy eficaces para evitar la sobrecarga cognitiva porque la carga asociada a una parte de la tarea es menor que la carga asociada a la tarea completa. Pero Naylor y Briggs (1963) ya indicaron a principios de la década de 1960 que no son muy adecuados para el aprendizaje de tareas complejas que requieren mucha interconexión entre sus distintas partes. Desde entonces se han ido acumulando pruebas de que los enfoques de tareas parciales no funcionan bien para actividades complejas que requieren la integración de destrezas, conocimientos y actitudes interconectados.

Y esto enlaza directamente con la tercera idea de la teoría de Mayer: hay que maximizar la carga cognitiva asociada a los procesos generativos de significado. En este punto rescatamos los estudios de Craik y Lockhart, que propusieron el modelo de niveles de procesamiento en la década de 1970 como una alternativa al modelo de memoria de Atkinson y Shiffrin. Su enfoque se centra en cómo la información se procesa durante el aprendizaje y la retención. La teoría distingue entre dos tipos de procesamiento: superficial y profundo. El procesamiento superficial implica centrarse en características físicas o estructurales sin prestar mucha atención al significado, como simplemente leer una palabra o fijarse en si está escrita en mayúsculas. En contraste, el procesamiento profundo implica procesar la información de manera significativa, relacionándola con el conocimiento previo, con experiencias personales o extrayendo su significado.

Craik y Lockhart argumentaron que la retención a largo plazo está vinculada al procesamiento profundo. Cuanto más profunda sea la forma en que se procesa la información, más probable es que se retenga en la memoria a largo plazo. Este enfoque resalta la importancia de la reflexión y la asociación significativa con el contenido para mejorar la retención. Por ejemplo, relacionar la nueva información con el conocimiento existente o reflexionar sobre su significado.

Por tanto, las ideas de Craik y Lockhart junto a las de Richard Mayer nos invitan a que las estrategias de aprendizaje deben fomentar el procesamiento profundo para mejorar el aprendizaje. Logan Fiorella, en colaboración con Mayer, nos sugiere algunas ideas para favorecer este procesamiento generativo. Es decir, como un proceso de creación de sentido, en el que se intenta comprender lo que se presenta seleccionando activamente piezas relevantes de la información presentada, organizándolas mentalmente e integrándolas con otros conocimientos que ya se tienen. La participación en estos tres procesos cognitivos durante el aprendizaje (seleccionar, organizar e integrar, o SOI por sus siglas en inglés) es lo que entendemos por aprendizaje generativo.

Según la teoría generativa, el aprendizaje es una actividad selectiva, una construcción de estructuras y una actividad de integración de conocimientos. Estos tipos de procesamiento pueden verse influidos por la estrategia de aprendizaje del alumno —una técnica de estudio como resumir el material con sus propias palabras— o por el método del profesor —una forma de presentar el material, como proporcionar un organizador previo que resuma el material de base antes de la lección—.

Para aplicar en el aula

Guiar el aprendizaje y desarrollar habilidades metacognitivas

En resumen, el resultado del aprendizaje depende tanto del material presentado al alumno como de la actividad cognitiva de este durante el aprendizaje. Para que la enseñanza sea eficaz, no basta con presentar al alumno el material que va a aprender, sino que también hay que guiar el procesamiento cognitivo del material por parte del alumno durante el aprendizaje. Uno de los objetivos principales de las estrategias de aprendizaje generativo es desarrollar habilidades metacognitivas en el proceso, lo que motivará al alumnado a la regulación de su autoeficacia para llegar a ser aprendices independientes (el objetivo último para muchos educadores). La metacognición, en su definición más simple, es pensar sobre cómo se aprende. Los alumnos que mejor aprenden son aquellos que reflexionan sobre sus propias estrategias de aprendizaje, considerando aquellas que son más eficaces para cada tipo de problema y desarrollando una conciencia acerca de sus fortalezas y debilidades. Esto les permite tener un mayor control sobre su aprendizaje, tomando decisiones, por ejemplo, sobre qué necesitan revisar o repasar porque no lo han comprendido todavía.

Las limitaciones de la psicología cognitiva

A lo largo de este capítulo hemos tratado de recorrer el viaje de la psicología cognitiva a través de los siglos y de reflexionar sobre lo que puede aportarnos en nuestra concepción del aprendizaje y de los procesos de pensamiento relacionados con él. Este recorrido histórico ha puesto de manifiesto la riqueza y la profundidad de este campo de estudio, así como su constante evolución gracias a las aportaciones de disciplinas como la neurociencia, la filosofía, la educación y la sociología. La multidisciplinariedad que, bajo nuestro punto de vista, queda patente al leer estas páginas no solo es una muestra de la amplitud de sus contribuciones a la labor docente, sino también un recordatorio de que comprender el aprendizaje es un desafío complejo que exige integrar conocimientos de diferentes perspectivas.

Como docentes, todas las teorías expuestas en este capítulo no solo enriquecen nuestra comprensión sobre el aprendizaje, sino que también nos permiten poner en palabras la fundamentación de por qué hacemos las cosas. Estas teorías no solo sirven como guías para la práctica educativa, sino que también nos ofrecen un marco sólido para reflexionar críticamente sobre nuestras decisiones pedagógicas y adaptarlas a las necesidades de las personas que tenemos delante. Conocer las teorías y su desarrollo histórico nos permite explicar, bajo su marco de referencia, nuestra práctica docente, haciéndola más consciente y fundamentada.

Sin embargo, otra conclusión de este capítulo es que la psicología cognitiva es necesaria, pero no suficiente. Su enfoque permite comprender mejor cómo funcionan los procesos cognitivos relacionados con el aprendizaje. Para ello, normalmente los investigadores de campo plantean un enfoque empírico y generalizable. Para los que pasamos el día en el aula, este enfoque es valioso. Pero las relaciones sociales y los factores extrínsecos (al menos teóricamente) a la cognición desarrollan un papel igualmente importante. Es decir, que no solo se trata de mejorar el diseño instruccional, pensar mejor nuestros materiales y nuestras clases.

También es muy necesario pensar en nuestra relación personal con el alumnado, y enfocar nuestra mirada en lo personal e individual. También es importante pensar en las relaciones sociales entre iguales, en el clima del aula y en cómo conseguimos crear un espacio de aprendizaje seguro y confiable. Esta transición, de una psicología de la cognición a una psicología del cuidado, nos lleva al siguiente capítulo para desarrollar ahí las teorías e ideas más importantes que nos pueden ayudar a gestionar mejor los factores sociales y personales de nuestra aula. Nuestra aportación en esta tensión se puede resumir en que no hay que elegir entre una y otra, sino conocer ambas.

Este capítulo ha tenido, por tanto, un doble propósito: ofrecer al lector herramientas conceptuales para analizar y mejorar su práctica educativa y fomentar una comprensión más profunda y reflexiva sobre cómo aprendemos y enseñamos. Esperamos haber logrado este objetivo al iluminar el vínculo entre las teorías de la psicología cognitiva y su aplicación en el aula, invitando al lector a seguir explorando y aplicando estos conocimientos en su contexto. La psicología cognitiva no solo nos ayuda a entender mejor el aprendizaje, sino que también nos inspira para convertirnos en docentes más críticos, reflexivos y conscientes.

Capítulo cinco

La psicología del cuidado

Uno de los autores de este libro tiene una taza de la Fundación Promaestro con un lema resumido en "tres C": Colaborar, Cuidar y Conocer. Esa intuición de Jorge Úbeda y su equipo ha acompañado la escritura del manuscrito que tienes entre manos y ha iluminado muchas de las reflexiones que encontrarás en este capítulo. Porque, efectivamente, en los capítulos anteriores nos hemos ocupado de las ideas sobre el cómo enseñamos y aprendemos cosas, que evidentemente es uno de los pilares de la educación. También hemos descrito las comunidades profesionales y cómo los docentes pueden compartir sus experiencias y preocupaciones de manera sistemática. Pero la tentación es no desarrollar el pilar que nos falta, complementario (nunca contradictorio) a los demás: el cuidado. Y es que las relaciones entre los iguales y entre el alumnado y sus docentes son muy importantes.

Por eso, en este capítulo queremos presentar esos procesos relacionados con la cognición tan importantes y para ello volveremos a viajar a finales de la década de los sesenta, tras la "revolución cognitiva". Actualmente constituyen campos de gran valor por sí mismos, y corresponden a todos aquellos procesos socioafectivos que influyen en la cognición, como las emociones, la motivación y la autorregulación. La idea se ha repetido en el inicio de este capítulo de manera intencionada: no hay cognición sin emoción (y viceversa). No son cajas diferentes, dentro de una mente con la estructura de una cómoda de dormitorio con muchos cajones. Tomemos como ejemplo las ideas del cerebro predictivo de Lisa Feldman Barrett. A diferencia de la visión tradicional que considera las emociones universales e innatas, Barrett argumenta que las emociones son construcciones del cerebro en respuesta a experiencias y contextos específicos, es decir, relacionadas con la propia cognición. Esta perspectiva nos ayuda a entender que el cuidado emocional no es solo una cuestión de psicología cognitiva, sino también de aprendizaje y cultura. Y además nos interpela a comprender que la memoria de trabajo puede sobrecargarse ante una ecuación muy complicada, pero también ante una situación familiar adversa o un problema que no paramos de rumiar en nuestra cabeza. Por eso, los niños necesitan entornos llenos de conocimiento, de compartir, pero también de cuidado.

Pero empecemos por el principio. Uno de los pioneros en este campo fue Albert Bandura (1925-2021), un psicólogo canadiense que ha dejado un impacto duradero en el mapa de las teorías del aprendizaje, particularmente a través de su enfoque en el aprendizaje social. En lugar de concebir el aprendizaje como una mera acumulación de experiencias directas (en la línea del conductismo y del constructivismo, véase el capítulo cuatro), Bandura introdujo la noción de aprendizaje social, argumentando que las personas pueden aprender observando a otros. Su teoría destaca que las personas no solo adquirimos nuevos conocimientos y habilidades a través de la propia experiencia, sino también mediante la observación de modelos de ciertos comportamientos. Es decir, que el aprendizaje es un fenómeno social.

El papel de los iguales, pero también de los adultos, resulta clave en el aprendizaje porque supone el lugar de ensayo de lo que está bien y lo que no está bien, lo que funciona y lo que no funciona. La resonancia de esto en ideas desarrolladas en otras partes del libro es enorme. Por ejemplo, las comunidades profesionales de aprendizaje o la cultura de centro son el resultado del aprendizaje social: modelamos continuamente lo que está bien y lo que no está bien, lo que es aceptable y lo que no es aceptable.

Como dice Ron Berger en su excelente libro *Una ética de la excelencia*: "El aprendizaje de los estudiantes está muy influenciado por su contexto familiar, su vecindario, y por supuesto su centro educativo. Sus actitudes y logros se modelan por la cultura que les rodea, porque ajustan sus actitudes y esfuerzos para encajar en esa cultura".

Por ejemplo, si se ridiculiza el esfuerzo académico (es mejor no levantar la mano en clase, hacer los deberes o que te preocupen tus notas), esto supone una fuerza poderosa. Si, por el contrario, que te preocupen estas cosas está bien visto, será igualmente una influencia fundamental. **Por eso la brecha educativa es reflejo de la brecha social y económica**. La segregación escolar amplifica la brecha así: si lo normal es pasar horas dedicadas a los estudios y que te preocupe el éxito académico, si lo normal es estudiar inglés en academias, entonces es perfectamente normal dar lo máximo para conseguir entrar en la mejor universidad. En definitiva, puede ser un lugar de crecimiento o un lugar de asimilación de ideas erróneas[26].

Bandura incorpora elementos cognitivos en su enfoque, reconociendo que la observación no consiste simplemente en replicar acciones, sino que también involucra procesos mentales más complejos, como la selección, organización e integración

---

[26] BANDURA, A. (1994): *Self-Efficacy: The Exercise of Control*. Freeman.

de que hablábamos cuando exponíamos las ideas de la psicología cognitiva. Para este autor, los individuos no solo imitamos ciegamente lo que observamos, sino que también consideramos las consecuencias de esos comportamientos y tomamos decisiones basadas en esa información. ¿Cuántas veces un docente se motiva en un equipo de trabajo por contagio? ¿Cuántas veces se desmotiva en un ambiente contrario? Al final, el clima del claustro es consecuencia del aprendizaje social. Además, como resulta evidente, este enfoque reconoce la capacidad humana para procesar información, pero también para evaluar situaciones y aplicar el aprendizaje de manera adaptativa. No somos solo máquinas de procesar información.

Otro concepto central en la obra de Bandura, relacionado con todo lo contado hasta ahora, es la autoeficacia. La autoeficacia se refiere a la creencia en la propia capacidad para organizar y ejecutar acciones necesarias para alcanzar un objetivo. Es decir, si una persona cree que puede lograr algo, lo intentará con más determinación; si cree que no puede, es probable que ni siquiera lo intente. Como sin duda podrá deducir el lector, la autoeficacia juega un papel crucial en la motivación y la persistencia en el aprendizaje. La confianza en la propia habilidad para llevar a cabo una tarea influye significativamente en el empeño y la perseverancia, impactando directamente en los resultados del aprendizaje. La autoeficacia no se limita a la simple confianza en nuestras habilidades; más bien, es una evaluación subjetiva de la capacidad de enfrentar situaciones diversas y superar obstáculos. Un individuo con una alta autoeficacia no solo confía en su habilidad para ejecutar tareas específicas, sino que también cree en su capacidad para manejar eficazmente las demandas cambiantes del entorno. Este elemento dinámico de la autoeficacia contribuye a la resiliencia y a la disposición para enfrentar nuevos desafíos con confianza.

La influencia de la autoeficacia en el aprendizaje es profunda. Aquellas personas que poseen una alta autoeficacia son más propensas a establecer metas desafiantes y a comprometerse en esfuerzos persistentes para alcanzarlas. Por otro lado, las personas con baja autoeficacia pueden evitar desafíos o rendirse rápidamente ante la adversidad. Esta diferencia en la actitud y el comportamiento resalta el impacto significativo de la autoeficacia en la dirección y la intensidad del esfuerzo invertido en el aprendizaje.

Bandura sugiere que las experiencias previas, los éxitos y los fracasos, así como la observación de los demás, contribuyen a la formación de la autoeficacia. Las personas evalúan sus propias capacidades en función de estas experiencias, y la retroalimentación positiva y los logros anteriores refuerzan la creencia en la propia competencia. En cambio, los fracasos repetidos o la falta de modelos exitosos pueden socavar la autoeficacia, afectando negativamente a la disposición para enfrentar nuevos desafíos.

Otro componente relevante es el "refuerzo vicario", donde las personas pueden ser motivadas por las recompensas o castigos experimentados por otros. La observación de las consecuencias de los comportamientos en modelos influye en la probabilidad de que un individuo reproduzca esos comportamientos. Este concepto amplía nuestra comprensión del papel del entorno social en la formación y consolidación de comportamientos aprendidos.

Para aplicar en el aula

El aprendizaje social: aprender de un modelo y en un contexto

Uno de los mayores intereses para los docentes supone conocer cómo integrar estos aspectos durante los procesos de enseñanza-aprendizaje. Aplicamos las ideas de Bandura cada vez que nos interesamos en que los estudiantes sean modelo para otros, bien mediante el trabajo en grupo o bien mediante estudiantes ayudantes o mediadores. Pensamos que el clima de clase es importante porque genera modelos positivos y anima a los más rezagados a trabajar. En resumen, pensamos, como Albert Bandura, que el aprendizaje es también un fenómeno social.

La teoría de la autodeterminación

Un buen ejemplo de la valiosa información que nos proveen las diferentes ramas de la psicología educativa que estudian la motivación lo encontramos en la teoría de la autodeterminación de Deci y Ryan[27]. Esta teoría, desarrollada a partir de la década de 1980 por Edward L. Deci y Richard M. Ryan, se centra en comprender las motivaciones humanas y cómo afectan al comportamiento, al rendimiento y al bienestar. En términos generales, podemos resumir sus ideas en que las personas tenemos una tendencia innata hacia la autodeterminación, entendiendo esto como satisfacer tres necesidades psicológicas básicas: autonomía, competencia y relación. La satisfacción de estas tres necesidades juega un papel crucial en la motivación.

Como decíamos en otro lugar[28], la motivación tiene que ver más con la orientación a un objetivo que se estima valioso y sobre el que tenemos un cierto control de conseguir. En este sentido, la teoría de Deci y Ryan nos habla de tres aspectos: la vinculación, la competencia y la autonomía. Para los docentes, por tanto, se trata de una teoría importante.

El alumnado necesita sentirse competente y eficaz, como hemos dicho antes, en las actividades que realiza. El matiz que nos aporta la teoría de la autodeterminación es que la realización de tareas desafiantes, pero alcanzables promueve la autoestima y la motivación intrínseca, mientras que la imposición de tareas demasiado fáciles o difíciles puede afectar negativamente a la motivación. Así que planificar las actividades de manera que aseguremos altas tasas de éxito iniciales es una

---

[27] RYAN y DECI (2000): "Self-Determination Theory and the Facilitation of Intrinsic Motivation, Social Development, and Well-Being".

[28] FERNÁNDEZ, J.G. (2022): *Educar en la complejidad*. Plataforma Editorial.

forma estupenda de mejorar la motivación. Empieza por actividades abiertas que permitan llegar a una respuesta y conocer mejor el punto de partida del alumnado. Esto resulta bastante contradictorio con una evaluación inicial que se basa en muchas pruebas escritas con un resultado generalmente malo. ¿A quién le gusta empezar algo con una prueba sobre lo que todavía no sabe? Revisemos las pruebas iniciales para convertirlas en momento de enganche e implicación con la materia.

Un segundo aspecto interesante supone establecer relaciones interpersonales satisfactorias y de apoyo, que contribuyen al bienestar emocional y a la motivación intrínseca. Sentirse conectado con los demás y experimentar empatía fortalece la motivación, lo que nos invita a no dejar de pensar cómo mejorar el clima del aula. Esto lo veremos más adelante cuando hablemos de la teoría del apego. Finalmente, la necesidad de autonomía se refiere al deseo de ser el autor de nuestras propias acciones y decisiones. Cuando las personas tienen la libertad de elegir y actuar de acuerdo con sus valores y preferencias, experimentan un mayor sentido de bienestar y motivación intrínseca.

Más allá de la motivación, sin embargo, la gente también necesita una buena razón para intentar algo nuevo o para perseverar con algo que ya estaba haciendo, pero que era dificultoso. A todas estas razones las llamamos objetivos. Además, existen los objetivos específicos de tarea, que se refieren a las razones que la gente aporta para hacer el trabajo que se les ha pedido en un contexto particular. De alguna forma, los objetivos en el futuro son una manera de hacer una conexión concreta entre los esfuerzos actuales y la recompensa futura. Esta recompensa puede ser académica o personal. En contextos académicos, como las matemáticas, podemos tener una situación como esta: la baja autoeficacia no es el origen del problema de motivación, sino más bien la anticipación de la persona de un resultado negativo, basado en su experiencia previa con aprendizajes de las matemáticas similares.

Pero si nuestro alumnado tiene también objetivos significativos, que se perciben como posibles logros, estos objetivos pueden llegar a competir con el resultado negativo y, tal vez, sustituirlo. La investigación aporta pruebas de que cuando la gente reconoce la importancia de una tarea para conseguir un objetivo que es significativo, en general es más propensa a persistir en la tarea y a realizar el esfuerzo necesario para llevarla a cabo. Sin embargo, un objetivo que es demasiado distante en el futuro se considera insuficiente para mantener la motivación. De hecho, si solo tenemos el objetivo distante, es muy poco probable que lo consigamos a menos que lo dividamos en pequeños objetivos más próximos que nos puedan llevar a él.

Por eso, una manera esencial de favorecer la atención en clase es convertir los objetivos generales, a largo plazo, en pequeños objetivos que las personas puedan percibir como alcanzables, y que de hecho van alcanzando a medida que transcurren las semanas del curso.

> **Para aplicar en el aula**
>
> **Cómo motivar al alumnado: aclarar y consensuar los objetivos**
>
> En resumen, cuando la gente habla sobre los alumnos como motivados o desmotivados, en general, están haciendo diferencias basadas en lo que observan en términos de implicación, afecto, tiempo empleado y esfuerzo. Sin embargo, a menudo, el problema es que trabajamos con objetivos demasiado lejanos o poco relevantes para las preocupaciones actuales de nuestros alumnos. Aquí también tenemos que jugar con la importancia de la relación con la familia, y aclarar y consensuar los objetivos.

De la cognición a la autorregulación

Barry Zimmerman, un psicólogo educativo estadounidense de la escuela de Albert Bandura, propuso el modelo de autorregulación. Se trata de un marco teórico que describe el proceso mediante el cual los individuos establecen metas, monitorean su progreso hacia esas metas y ajustan su comportamiento y estrategias de aprendizaje en consecuencia. Estas tres fases (planificar, monitorear y evaluar) resuenan dentro del Modelo de Autorregulación de Zimmerman (Zimmerman, 2001). Una buena revisión del modelo es la publicada por Ernesto Panadero y colaboradores, y además podéis acercaros a ella a través del pódcast de Eduhacking[29]. Este modelo es un marco ampliamente reconocido que describe los procesos por los que pasan los individuos para autorregular su aprendizaje y desempeño. Consta de tres fases principales: previsión, actuación y autorreflexión. De acuerdo con la metacognición, el modelo podría describirse de la siguiente manera (Fernández, 2024[30]):

1. **Fase de planificación:** esta fase inicial implica establecer objetivos y planificar el aprendizaje o el desempeño. Los individuos participan en la metacognición, considerando sus conocimientos y habilidades actuales, su autoeficacia (creencia en su capacidad para tener éxito) y su análisis de tareas. Establecen objetivos específicos y desafiantes, desarrollan estrategias para lograr esos objetivos y crean una mentalidad orientada a las tareas.

2. **Fase de realización:** una vez que se establecen las metas y los planes, los individuos ingresan a la fase de desempeño. Aquí ponen sus estrategias en acción, monitorean su progreso y regulan su aprendizaje o desempeño. Esta fase implica gestionar su atención, esfuerzo y perseverancia, y adaptar sus estrategias según sea necesario.

3. **Fase de evaluación:** después de completar una tarea o experiencia de aprendizaje, los individuos entran en la fase de autorreflexión. Este proceso reflexivo ayuda a las personas a comprender sus fortalezas y áreas de mejora. También sirve como un punto crítico para adaptar y perfeccionar sus estrategias de autorregulación para proyectos futuros.

---

[29] Disponible en https://joseluisserrano.net/podcast/aprendizaje-autorregulado-feedback/.

[30] Fernández, J.G. (2024): *En blanco*. Plataforma Editorial.

Para concluir todo este embrollo, podemos afirmar que lo que realmente deseamos es una persona que sea un aprendiz autorregulado, es decir, que aplique la metacognición y la autorregulación al aprendizaje.

Para aplicar en el aula

Dar tiempo y espacio para autorregular el aprendizaje

Y ahora llega la pregunta clave: ¿cómo enseñamos esto? Aquí podemos afirmar que "un nadador no puede mejorar sin práctica". Si queremos que todas las personas de nuestra escuela se conviertan en aprendices autorregulados, necesitamos darles el tiempo y el espacio para desarrollar y practicar los conocimientos, habilidades, hábitos y disposiciones que constituyen la autorregulación. Se trata, por tanto, de tiempos específicos en los que aprendan a monitorizar y gestionar sus pensamientos, emociones y comportamientos. A fijarse objetivos, estableciendo una cultura de clase que permita tomar responsabilidad sobre los aspectos del propio aprendizaje.

Una pieza más del puzle: las emociones

Nos queda un tema importante que anticipábamos al inicio del capítulo: el papel de las emociones en la cognición. Y es que las emociones juegan un papel crucial en la cognición, o sea, en cómo procesamos la información, tomamos decisiones y nos comportamos en el mundo que nos rodea. Una de las principales razones por las que las emociones son importantes en la cognición es que afectan directamente a lo que sucede en el aula. Por ejemplo, cuando estamos experimentando emociones intensas como el miedo o la ira, nuestro pensamiento puede volverse más estrecho y enfocado en aspectos específicos de la situación, lo que puede limitar nuestra capacidad para considerar y asimilar información relevante.

Además, los estudios sobre la atención emocional realizados por investigadores como Elaine Fox y Alan D. Baddeley (el mismo que propuso el modelo de memoria del capítulo dos) han demostrado cómo las emociones pueden influir en la atención y la memoria, lo que a su vez afecta a la cognición. Otros investigadores como Antonio Damasio han explorado la relación entre las emociones y la toma de decisiones, destacando la importancia de las señales emocionales en el proceso de toma de decisiones.

Por otro lado, las emociones positivas como la alegría pueden ampliar nuestro pensamiento y aumentar nuestra creatividad y flexibilidad cognitiva. Además, las emociones influyen en nuestras decisiones. En términos de memoria, las emociones también juegan un papel importante. Las experiencias emocionales tienden a ser recordadas con mayor intensidad y detalle que las experiencias neutrales. Esto se debe a que las emociones pueden modular la actividad de las regiones cerebrales involucradas en la formación y recuperación de recuerdos. Sin embargo, esta activación de la memoria por lo emocional no es una curva desenfrenada siempre en positivo, sino que más bien es como una campana en la que existe un óptimo. Cualquier intensidad emocional, o *arousal*, demasiado alta o baja es perjudicial.

El *arousal* emocional juega un papel crucial en el aprendizaje, ya que afecta directamente a la capacidad de atención, memoria y procesamiento de la información. La relación entre el nivel de *arousal* y el rendimiento en el aprendizaje sigue una curva en forma de U invertida, según la ley de Yerkes-Dodson. Un nivel demasiado bajo de activación emocional puede generar apatía y falta de motivación, mientras que un nivel excesivo puede provocar ansiedad y dificultades para concentrarse. En el punto óptimo de *arousal*, que se encuentra en un nivel intermedio, el rendimiento es máximo, ya que el individuo está lo suficientemente alerta para aprender, pero sin que la sobreexcitación interfiera con sus capacidades cognitivas. Este principio tiene importantes implicaciones en el aula. Los docentes podemos optimizar el aprendizaje ajustando el nivel de desafío y estimulación en función del estado emocional de los estudiantes.

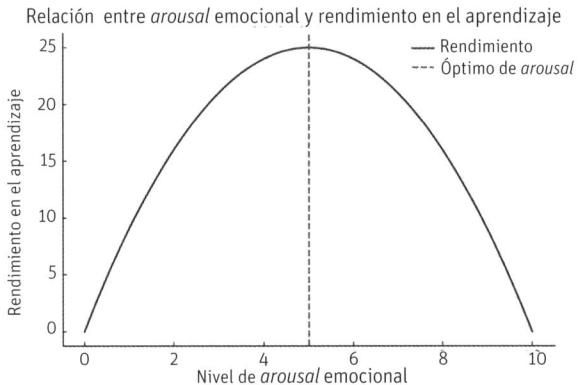

La memoria asociada a emociones intensas es en gran medida contextual: los recuerdos se juntan con las experiencias sensoriales y con las emociones que experimentamos en el momento. Así pues, cuando recordamos un suceso, por ejemplo, una formación a la que asistimos, viene a nuestra mente el molesto aire acondicionado, el magnífico desayuno, o el bolígrafo cutre que nos regalaron. Lo molesto es que tal vez recordemos con más nitidez esos detalles que los aspectos que realmente deseamos traer a la memoria: qué se dijo en la formación. Probablemente todos hemos vivido una experiencia similar en nuestras clases. Les pedimos que nos describan lo que aprendieron el día anterior, y se acordarán de todo tipo de cosas: que usaron notas adhesivas, que Manuela llegó tarde, que se cayó la botella de agua, que Nuria contó un chiste divertido... Pero ¿qué hay del contenido concreto de la clase? Esos recuerdos son más vagos.

Las claves emocionales y sensoriales se activan cuando intentamos evocar un recuerdo episódico. La memoria episódica está tan estrechamente ligada con el contexto, que no resulta útil para recordar algo cuando el contexto ya no está presente. Por eso presenta a nuestro alumnado graves limitaciones en cuanto a su utilidad como principal estrategia para aprender, ya que cualquier contenido que se recuerde está íntimamente vinculado con el contexto en el que fue enseñado. No favorece un aprendizaje flexible y transferible que pueda aplicarse en diversos contextos y circunstancias. Y, sin embargo, esta cualidad de ser transferible es el requisito esencial para la creatividad y el pensamiento crítico.

Por fortuna, también contamos con la memoria semántica, que no presenta las limitaciones de la memoria episódica. Los recuerdos semánticos son independientes del contexto. Una vez que un concepto ha sido almacenado en la memoria semántica, se torna más flexible y transferible entre diversos contextos. La memoria semántica es, por tanto, una herramienta fundamental para el aprendizaje a largo plazo: un aprendizaje que puede aplicarse en contextos nuevos para resolver problemas imprevistos. Es esta memoria la que empleamos cuando resolvemos problemas o recurrimos a la creatividad, ya que en ambas circunstancias se requiere aplicar a un contexto nuevo algo aprendido en otro contexto anterior.

Para formar recuerdos semánticos se requiere trabajo y práctica. A diferencia de los recuerdos episódicos, aquellos no ocurren espontáneamente. Si deseamos recordar algo, tenemos que pensar en ello, no solo experimentarlo. El psicólogo cognitivo Daniel Willingham (2009) explica que "la memoria es el residuo del pensamiento". Cuanto más hayamos pensado en algo, más probable será que lo recordemos. En consecuencia, debemos asegurarnos de que nuestras clases brinden al alumnado la oportunidad de pensar en los contenidos que realmente deseamos que retengan, y no en otros temas ajenos a la materia. Necesitamos que piensen en el mensaje de la clase y no en el medio que usamos para impartirla. Aquí es donde las clases "entretenidas" pueden obstaculizar el aprendizaje sin proponérselo. Si el medio escogido para hacer la clase es demasiado llamativo, las personas pensarán en eso y no en el contenido —cualquiera que este sea— que realmente queremos que aprendan.

En una línea diferente, otro buen grupo de autores habla de la "Embodied Cognition", o cómo el cuerpo influye en la cognición. Sus precursores fueron Barbara Tversky y Francisco Varela, y actualmente su influencia es muy grande en líneas de trabajo como el cerebro predictivo de Anil Seth o Andy Clark. Según estas nuevas teorías, nuestros cerebros integran constantemente nueva información con conocimientos existentes para formar creencias o predicciones actualizadas sobre el mundo. Este proceso se alinea estrechamente con la inferencia bayesiana, donde las creencias previas (modelos de lo que sucederá) se combinan con nueva evidencia para formar creencias posteriores. Por ejemplo, cuando encontramos nueva información, nuestros cerebros instintivamente evalúan su credibilidad en función de nuestro conocimiento existente y ajustan nuestras creencias en consecuencia.

Además, el razonamiento bayesiano permite la incorporación de la incertidumbre y la ambigüedad, reflejando la naturaleza probabilística de la cognición humana. Nuestros cerebros inherentemente manejan la incertidumbre, sopesando probabilidades y tomando decisiones basadas en información incompleta. La inferencia bayesiana proporciona un marco formal para este proceso intuitivo, permitiéndonos tomar decisiones racionales en entornos inciertos. Cuando experimentamos sorpresa o fracaso, ya sea en esfuerzos académicos, profesionales o desafíos personales, nos enfrentamos a una discrepancia entre nuestras expectativas y la realidad. Esta discrepancia puede verse como nueva evidencia capaz de actualizar nuestras creencias o modelos mentales sobre la tarea en cuestión, similar al proceso de actualización bayesiana.

Para aplicar en el aula

La emoción no se incluye, siempre está presente

La cognición y la emoción no constituyen dos procesos independientes, como si tuviéramos una parte irracional y otra racional. De hecho, están intrínsecamente relacionadas. Construimos experiencias de emociones basadas en lo que sabemos de nosotros mismos, del mundo y de las personas que nos rodean. Aprendemos gracias a un sinfín de procesos relacionados con las emociones. No se trata por tanto de "incluir" emoción, como si no estuviera ya presente de manera directa en cada cosa que sucede en clase.

Desde esta óptica, y recuperando las ideas con las que comenzábamos el capítulo de Lisa Feldman Bartlett, lo emocional adquiere otro significado: las relaciones afectivas tempranas adquieren un nuevo significado. El cerebro infantil, en desarrollo, no solo responde a los estímulos del entorno, sino que también los interpreta y construye categorías emocionales a partir de sus interacciones con cuidadores. Un ambiente seguro y estable favorece el desarrollo de circuitos neuronales que permiten la regulación emocional y la resiliencia, mientras que un entorno impredecible o negligente puede generar patrones de respuesta emocional más desadaptativos.

Esta autora también enfatiza la importancia del lenguaje en la construcción de las emociones. Los niños que crecen en entornos donde se les ayuda a nombrar y comprender sus sentimientos desarrollan una mayor inteligencia emocional y mejores habilidades de autorregulación. Esto tiene implicaciones directas para la educación y el rol de los docentes como mediadores en el desarrollo emocional de sus alumnos.

Para aplicar en el aula

Integrar en la docencia un acompañamiento afectivo

Las implicaciones educativas de todo lo expuesto son profundas. Entender que la cognición, la emoción y la motivación son procesos inseparables del aprendizaje nos obliga a replantear qué significa una docencia efectiva. Porque esta no puede reducirse a la presentación de contenidos de forma estructurada, es decir, a la parte didáctica; debe integrar un acompañamiento afectivo y una comprensión de los mecanismos que impulsan o inhiben el aprendizaje.

Esto significa que el aula debe concebirse no solo como un espacio de instrucción, sino también como un entorno donde las personas se sientan seguras, motivadas y capaces de afrontar desafíos. El profesorado, en consecuencia, tiene la tarea de fomentar una cultura de autoeficacia, donde el error se vea como parte del aprendizaje y donde la autonomía del estudiante se cultive de manera progresiva. En este sentido, la evaluación formativa[31] adquiere un papel crucial: retroalimentar en lugar de sancionar, guiar en lugar de clasificar.

Para lograr esto, los docentes podemos adoptar estrategias concretas que integren estos principios en nuestra práctica diaria. En primer lugar, es fundamental diseñar experiencias de aprendizaje que no solo desafíen el intelecto del alumnado, sino que también fortalezcan su sentido de competencia y pertenencia. Estrategias como el uso de la retroalimentación constructiva y el establecimiento de metas progresivas ayudan a que los estudiantes internalicen una visión positiva de su capacidad para aprender. Además, generar un clima de aula basado en la confianza y la cooperación fomenta la motivación intrínseca y el aprendizaje autorregulado.

Finalmente, este marco de acción no solo se limita al aula, sino que también tiene implicaciones más amplias en la cultura profesional docente. Si reconocemos que la enseñanza es, en esencia, un acto social y emocional, entonces los docentes también deben verse a sí mismos como parte de comunidades de aprendizaje profesional. Espacios de colaboración entre colegas, donde se discutan estrategias y se reflexione sobre la práctica educativa basada en la evidencia, son esenciales para la mejora continua. En última instancia, la integración de estos principios no solo beneficiará a los estudiantes, sino que también enriquecerá la labor docente, dotándola de mayor sentido y efectividad. Como bien expresa el lema de la Fundación Promaestro, compartir, cuidar y conocer son las tres claves para construir una educación reflexiva y también más efectiva.

La teoría del apego en el contexto escolar

Nos decidimos ahora a buscar en otras fuentes las pistas que nos puedan ayudar a acompañar mejor a nuestro alumnado en el sentido que hemos indicado hasta ahora. Se trata, por tanto, de ahondar en las ideas psicológicas que puedan aportarnos reflexiones y claves desde las que repensar nuestra práctica docente. Y en ese sentido destaca sobre todo la teoría del apego.

El concepto de apego, desarrollado por John Bowlby y ampliado posteriormente por Mary Ainsworth, ha sido una de las piedras angulares en la comprensión del desarrollo socioemocional humano en sus primeras etapas. En síntesis, establece que la calidad del vínculo afectivo que un niño establece con su cuidador principal

---

[31] MORALES, M. y FERNÁNDEZ, J. (2023): *La evaluación formativa.* SM, Madrid.

tiene implicaciones profundas en su desarrollo cognitivo, emocional y social a lo largo de su vida (Bowlby, 1980). En esta parte final del capítulo exploramos la psicología del cuidado desde la teoría del apego, integrando las aportaciones de Ana Berástegui y colaboradores en su libro *Aprender seguros*, una recomendación de lectura para docentes de todas las edades, quizá más para los de Educación Infantil por sus abundantes ejemplos de dicha etapa. Asimismo, abordamos las implicaciones prácticas para la educación y el desarrollo profesional docente.

El apego, para estas autoras, es un sistema que motiva a los niños a buscar proximidad con figuras de referencia, asegurando protección y seguridad en momentos de estrés o peligro. Este sistema tiene raíces evolutivas que han permitido la supervivencia de la especie, garantizando la disponibilidad de un cuidador que responda de manera adecuada a las necesidades del niño. Se trata de un mecanismo en el que buscamos una figura de referencia que nos aporte cuidado.

Ainsworth (1978) identificó tres patrones de apego principales: seguro, evitativo e inseguro-ambivalente, a los que Main y Solomon (1990) añadieron el apego desorganizado. Estos estilos se configuran según la calidad y consistencia de las respuestas del cuidador. Un apego seguro se desarrolla cuando el cuidador es sensible y responde acorde a las necesidades del niño, permitiendo a este explorar su entorno con confianza. Por el contrario, cuando el cuidado es inconsistente o negligente, pueden surgir estilos de apego inseguros, que afectan a la capacidad del individuo para gestionar el estrés y establecer relaciones saludables en el futuro.

Esta pequeña introducción ya nos permite vislumbrar el vínculo de estas ideas con todo lo que hemos desarrollado hasta ahora en el capítulo. En síntesis, las relaciones de apego son necesarias para el desarrollo cognitivo. Las personas aprenden mejor cuando sienten que su entorno es un entorno protector, en el que tiene sentido explorar y equivocarse. La autoeficacia, la motivación o la autorregulación son procesos que ocurren entretejidos con las relaciones y el vínculo que se crea entre los adultos, figuras de referencia, y los niños.

Para aplicar en el aula

El aprendizaje está modelado por factores sociales, emocionales y culturales

Tener en cuenta el contexto en el que nuestro alumnado se desarrolla es clave para entender su capacidad de aprender y de dar significado a las experiencias que suceden en el centro educativo. El aprendizaje no ocurre en el vacío; está modelado por factores sociales, emocionales y culturales que influyen en la manera en que el alumnado interpreta la información, establece conexiones con lo que ya sabe y se compromete con el proceso de aprendizaje. Cada persona en el aula trae consigo un bagaje único de experiencias, valores y expectativas que condicionan su forma de participar, su motivación para aprender y su manera de enfrentarse a los desafíos.

Además, todas las ideas de las diversas ramas que hemos explorado hasta ahora en el libro convergen en un punto importante: la relación asimétrica entre el profesorado y el alumnado. En otras palabras, el vínculo y el apego pueden crearse cuando se reconoce la diferente posición entre el niño en formación y el adulto formador. Reconocer la importancia del apego en la educación no significa reducir la enseñanza a una relación horizontal donde docente y estudiante se sitúan en el mismo nivel de conocimiento. Al contrario, la asimetría entre ambos es lo que permite que el vínculo se configure de manera que favorezca el aprendizaje. Un exceso de horizontalidad puede diluir la función del docente como referencia, mientras que una distancia excesiva puede generar desconfianza y desmotivación en los estudiantes. La clave está en un equilibrio que combine autoridad con cercanía, estructura con flexibilidad y expectativas claras con apoyo emocional.

El impacto de esta relación en el aprendizaje también se ve reflejado en cómo los docentes modelan la regulación emocional en el aula. Un docente que reacciona con calma ante un desafío está enseñando implícitamente estrategias de regulación emocional que los estudiantes pueden internalizar y aplicar en su propio aprendizaje. Para ello, los centros que cuidan a sus docentes no solo están beneficiando a su profesorado, sino también el aprendizaje de los estudiantes. Un docente que trabaja en un entorno que reconoce su labor, que le proporciona apoyo emocional y profesional, y que le permite desarrollar su práctica sin una sobrecarga excesiva, tendrá mayor capacidad para modelar la regulación emocional en el aula.

La estabilidad emocional del profesorado no es un lujo, sino un factor clave para el bienestar de los alumnos y la eficacia del proceso educativo. Esto implica que las instituciones educativas deben fomentar culturas escolares donde los docentes se sientan respaldados, con espacios para la colaboración, la reflexión y el desarrollo profesional continuo. Cuidar a los docentes no solo es una cuestión de justicia laboral, sino también una inversión directa en la calidad del aprendizaje. Cuando un docente se siente valorado y emocionalmente equilibrado, está en mejores condiciones para ser esa *base segura* que todo estudiante necesita para aprender.

Aquí es donde la práctica reflexiva se vuelve indispensable. Como hemos señalado en capítulos anteriores, el peligro de caer en modas educativas o mitos sobre el aprendizaje muchas veces proviene de la falta de análisis sobre el por qué hacemos lo que hacemos. La educación efectiva no surge de la aplicación mecánica de métodos, sino de una constante interrogación sobre las decisiones pedagógicas que tomamos. Si el apego es fundamental en el aprendizaje, ¿cómo podemos fomentar un vínculo educativo sólido sin caer en paternalismos o dinámicas que generen dependencia? ¿Cómo balanceamos la estructura con la autonomía del estudiante? ¿Cómo aseguramos que el nivel de *arousal* en el aula sea el adecuado para maximizar el aprendizaje sin generar ni aburrimiento ni ansiedad?

Algunas ideas para tener en cuenta

Considerar el contexto no significa simplemente conocer la situación familiar o socioeconómica del alumnado y del profesorado, sino también entender cómo interactúan sus emociones, creencias y relaciones dentro y fuera del aula. Un enfoque educativo que valore el contexto debe ir más allá de la enseñanza de contenidos y priorizar la construcción de un clima de centro que favorezca la seguridad emocional y la confianza de todas las personas que pasan su vida en él. Cuando las personas sienten que sus experiencias son validadas y comprendidas, es más probable que se involucren activamente en el aprendizaje y desarrollen una mayor autonomía y responsabilidad en su formación.

Desarrollar prácticas y asegurar espacios y tiempos que permitan la interacción cercana y la suficiente vinculación para conocer de primera mano sus experiencias no es algo opcional, sino una parte esencial de la acción educativa. Esto implica generar oportunidades para que el profesorado y el alumnado expresen sus intereses, inquietudes y dificultades en un entorno de confianza.

Capítulo seis

La difusión y recepción de las evidencias: el *caso Hattie*

Una experiencia personal

Hacia el año 2010, uno de nosotros (Francesc) llevaba veinte años como docente de secundaria en un centro concertado de Badalona[32]. El centro, fundado a finales de los sesenta, era heredero de una rica tradición pedagógica que entroncaba con el movimiento de la Escuela Nueva que se desarrolló en las primeras décadas del siglo XX. Las personas que trabajábamos en el centro habíamos interiorizado, en un proceso casi osmótico, unas formas singulares[33] de desarrollar la vida escolar, que estaban muy estructuradas, ritualizadas e incorporadas al quehacer cotidiano. Lo más destacable era que estas prácticas no afectaban tanto a los procesos de enseñanza y aprendizaje en el aula, que eran bastante tradicionales, como a las formas de organización de la participación del alumnado en la vida escolar. En ese momento, la voluntad de elaborar el Proyecto Pedagógico llevó a los equipos directivos primero, y al equipo docente después, a interrogarse sobre la fundamentación y el sentido de las prácticas que se estaban llevando a cabo.

---

[32] La Escola Garbí Pere Vergés, uno de los dos centros de la Fundació Escoles Garbí.

[33] "Es difícil encontrar documentos on-line fácilmente accesibles que describan extensamente el proyecto pedagógico del centro. Puede encontrarse una exposición esquemática en la *Memòria de la Fundació Escoles Garbí* del año 2019-2020 (Fundación Escoles Garbí, 2020)". Fundació Escoles Garbí (2020). *Fundació Escoles garbí. Memòria anual del curs 2019-2020*. Fundació Escoles Garbí. Recuperado de de https://media.timtul.com/media/escolesgarbi/Memoria%2019-20_VF_20210120144536.pdf.

De lo primero que nos dimos cuenta fue de que la tradición del centro era prácticamente ágrafa: no existían apenas documentos que recogieran de una manera sistemática qué se hacía y por qué y para qué se hacía. En buena medida los principios que inspiraban la práctica y los dispositivos de participación del alumnado se habían transmitido a lo largo de cincuenta años mediante una fuerte cultura de centro, oralmente y por la práctica cotidiana, a sucesivas generaciones de docentes. Este hecho planteaba dos cuestiones importantes: era difícil evaluar el impacto de las prácticas desarrolladas y, sobre todo, era difícil saber si se podían utilizar estos mecanismos de participación para mejorar los procesos de enseñanza y aprendizaje.

De lo segundo que nos dimos cuenta fue de que nos faltaban referentes para el análisis: no disponíamos de un marco teórico sólido que nos permitiera interpretar lo que hacíamos, ni tampoco disponíamos de un conocimiento pedagógico que nos permitiera fundamentarlo técnicamente. Todo esto en un momento en el que se estaba produciendo en Cataluña una eclosión de propuestas innovadoras en el mundo educativo, con una gran resonancia mediática y una cierta presión social para el cambio escolar, lo que provocó una "ansiedad por innovar" en muchas escuelas e institutos, no siempre bien digerida ni dirigida, a la que nosotros no fuimos ajenos.

Para los propósitos de este libro, lo importante es que uno de los elementos que nos permitieron salir del estado de confusión en el que estábamos fue leer más pedagogía y publicaciones que divulgaban los resultados de la investigación educativa.

Así, las lecturas de libros sobre pedagogía nos fueron acercando al conocimiento de su historia y de sus hitos principales, y nos fueron instalando en el marco teórico del socioconstructivismo y de los fundamentos de las didácticas compatibles con ese enfoque. Las lecturas de revistas de educación dirigidas a docentes nos aproximaron al conocimiento de buenas prácticas en contextos concretos y a la opción de tener una cierta mirada investigadora sobre nuestras prácticas y realidades.

Pero, sobre todo, para algunos de nosotros, acceder a los libros de John Hattie y Robert Marzano fue entrar en un mundo nuevo y apasionante: el de la investigación educativa basada en grandes síntesis de base estadística. Un mundo apasionante y a la vez con muchas aristas, que nos parece que vale la pena explorar para tener algunas claves que pueden aportarnos sus resultados. Para ello, vamos a partir del caso de la síntesis *Visible Learning*, de John Hattie, una de las más difundidas internacionalmente, que ha generado polémicas muy interesantes para los que pretendemos situarnos en un marco de educación informada por evidencias.

El caso Hattie

John Hattie ha sido profesor e investigador en diversas universidades e instituciones neozelandesas, australianas, canadienses y estadounidenses, y asesor del Gobierno de

Nueva Zelanda en las reformas educativas que se llevaron a cabo en este país a principios de siglo. Ya desde su tesis doctoral, que defendió en la Universidad de Toronto (Canadá), se interesó por el uso de métodos estadísticos aplicados a la investigación de los procesos educativos. Desde entonces, su campo de investigación prioritario ha sido el esclarecer cuáles son los factores más relevantes en la enseñanza escolar. El año 2009 publicó *Visible learning. A synthesis of over 800 meta-analyses relating to achievement* (Hattie J. A., 2009), un libro denso, de cerca de 400 páginas, a ratos árido y a ratos inspirador, que le daría una gran proyección internacional en el mundo educativo.

En esta obra, John Hattie resumía 15 años dedicados a elaborar una síntesis de los resultados de más de 800 metaanálisis. Esencialmente, esto significa que el material de partida de su investigación no eran los estudios educativos individuales, sino los metaanálisis que se habían realizado a partir de estos estudios. Podríamos decir que Hattie aborda la tarea de realizar "metaanálisis de metaanálisis", con el fin de detectar aquello que funciona mejor en educación y para intentar establecer directrices sobre lo que puede llevarnos a la excelencia en el rendimiento del alumnado. En el libro parte de 800 metaanálisis, que incluían unos 50.000 estudios que recogían información de más de 100 millones de estudiantes. Detecta unas 145.000 medidas del efecto que condensa en 138 factores clave, organizados en 6 grandes dominios de influencia: el estudiante, el hogar, la escuela, los currículos, el profesorado y los enfoques de la enseñanza.

En *Visible Learning*, además de describir y discutir estos 138 factores, Hattie asigna a cada uno un **tamaño del efecto**, medido en términos de la d de Cohen, un parámetro estadístico que permite "ordenar" los factores según sea su efecto promedio sobre el rendimiento del alumnado. Al realizar la ordenación, se deducen tres ideas importantes:

- El promedio de los tamaños del efecto de todos los factores es $d = 0,4$, que Hattie compara con el efecto sobre el rendimiento del alumnado de un curso escolar[34]. Este tiene que ser el punto de referencia para valorar si una intervención es de alto impacto.
- Casi todos los factores tienen un tamaño del efecto por encima de 0 ($d > 0$), es decir, casi cualquier cosa que se hace en clase aporta un efecto positivo sobre el aprendizaje.
- Los docentes que, de manera sostenida, tienen alumnos con resultados excelentes utilizan consistentemente técnicas con tamaños del efecto altos o muy altos, en todo caso notablemente por encima de $d = 0,4$.

---

[34] Esta comparación se hace a partir de los resultados de pruebas estandarizadas masivas en Estados Unidos y Nueva Zelanda, en las que se obtiene que en un curso escolar cabe esperar una mejora de entre $d = 0,2$ y $d = 0,4$, por lo que se toma este valor para poner énfasis en la necesidad de destacar los factores que tienen un mayor impacto.

Hattie argumenta que estas tres ideas llevan a pensar que para conseguir la excelencia hay que poner la atención esencialmente en los factores que producen efectos por encima de la media de $d = 0,4$ y no por encima de $d = 0$, viniendo a decir que para la mejora de la educación no basta con llevar a cabo cambios con elementos que tengan un impacto positivo (que serían casi todos), sino que también hay que escoger aquellos que maximizan el impacto.

Pero no todo es estadística en *Visible Learning*. A partir de los resultados obtenidos en su síntesis, su conocimiento de las interioridades de los metaanálisis que le sirven de base, sus concepciones de los fines de la educación en sociedades democráticas modernas (de matriz anglosajona), sus ideas sobre los procesos de enseñanza-aprendizaje y su experiencia en el diseño y evaluación de políticas públicas en educación, John Hattie construye una propuesta completa de cómo deben ser las prácticas que se llevan a cabo en los centros educativos, lo que podríamos llamar el modelo Visible Learning, que posteriormente desarrollará con exhaustividad en *Visible Learning for Teachers*[35] (2012) y sus obras posteriores. La idea esencial del modelo es *que la enseñanza sea visible para el alumno y el aprendizaje sea visible para el profesor*. En sus propias palabras, (Hattie J. A., 2009):

> "La enseñanza y el aprendizaje visibles ocurren cuando el aprendizaje es el objetivo explícito, cuando es apropiadamente desafiante, cuando el docente y el estudiante (en sus diversas formas) buscan determinar si se logra la meta desafiante y en qué grado, cuando hay una práctica deliberada dirigida a lograr el dominio del objetivo, cuando se da y se busca retroalimentación, y cuando hay personas activas, apasionadas y comprometidas (profesor, alumno, compañeros, etc.) que participan en el acto de aprender. Son los profesores los que ven el aprendizaje a través de los ojos de los estudiantes, y los estudiantes los que ven la enseñanza como la clave de su aprendizaje continuo".

Pero Hattie no se engaña: sabe que no ha tenido en cuenta factores que son importantes (clase social, pobreza, situaciones socioeconómicas de los centros y los agentes de la comunidad educativa...); sabe que no ha tenido en cuenta la investigación cualitativa en su síntesis; es consciente de buena parte de los riesgos técnicos que tiene su uso de la técnica del metaanálisis sobre metaanálisis; y de que ha apartado los "matices y detalles de lo que pasa en las aulas", sin preocuparse en exceso de las interacciones. Sabe que los factores se han evaluado por su impacto en el rendimiento, sin tener en cuenta resultados muy relevantes de la educación y nada fáciles de medir en exámenes (actitudes, ciudadanía, gusto por el aprendizaje, sentido crítico, creatividad, ...), y que por ello se ha enfocado en el rendimiento en pruebas estandarizadas. Que su modelo,

---

[35] Hay traducción al español: *Aprendizaje visible para profesores* (2017). John Hattie ha sido un autor prolífico, publicando más de 40 obras bajo la etiqueta "Visible Learning", algunos en solitario y otros en colaboración con otros autores.

en el fondo, depende de cómo se aplique en un contexto concreto y por unos docentes adecuadamente preparados. Hattie sabe que no ofrece ninguna panacea, pero cree que puede esperar, razonablemente, que su modelo ayude a mejorar, ya que ofrece una "historia explicativa, no una receta de 'lo que funciona'".

Hacia 2010, este mensaje era, para muchos de nosotros, muy seductor. En el fondo, más que la ordenación de los factores y el modelo de enseñanza-aprendizaje, nos atraía el mensaje de que es posible mejorar si somos capaces de establecer nuestros objetivos, elegir unas prácticas a la luz de la investigación y mantener una actitud indagadora sobre qué aprenden los alumnos, midiéndolo de alguna manera. Que había que ir un poco más allá de nuestras creencias y nuestra experiencia y empezar a medir el impacto sobre el aprendizaje del alumnado de lo que hacíamos, y utilizar los resultados de esta medición para reflexionar conjuntamente sobre cuán cerca estamos de nuestros objetivos educativos y cómo podríamos acercarnos más a ellos. Hacerlo en equipo, construyendo un marco teórico "local" desde la práctica, que oriente a nuevas mejoras.

El impacto de *Visible Learning* fue muy relevante. Se convirtió en un *best-seller* educativo mundial y despertó adhesiones entusiastas, y críticas muy bien fundadas, tanto técnicas (sobre la metodología utilizada en sí, sobre su uso incorrecto, sobre la pertinencia de la presentación de resultados a partir del tamaño del efecto elegido, ...) como sobre la base conceptual e ideológica que subyace en la obra[36]. Hattie fue respondiendo a algunas de estas críticas en artículos y en la segunda edición, actualizada y revisada, de *Visible Learning* (2023). Pero la polémica sigue aún viva, y de hecho, es difícil que cese, ya que en el fondo, se alimenta de las diferentes visiones que concurren sobre cómo debe ser la investigación educativa y qué podemos hacer con los resultados que obtiene.

Visto en perspectiva, ¿qué podemos aprender del *caso Hattie* y de la relación entre investigación y docencia en estos últimos años?

- Lo primero, aunque sea casi obvio, es que la educación es extraordinariamente multifactorial[37], que este hecho no se puede ignorar y que "lo que funciona" es más bien un punto de partida que uno de llegada.

---

[36] Puede verse una extensa revisión de las ideas del libro y una aproximación crítica moderada en Terhart (2011). Una dura crítica metodológica —se habla de pseudociencia— se puede leer en Bergeron y Rivard (2017). En Nueva Zelanda y Australia, además, hubo voces que acusaron a Hattie de tener intereses personales más allá de la investigación.

[37] Este hecho nos tiene que hacer ser muy cautelosos con los paralelismos con la medicina basada en evidencia: en muchas intervenciones médicas el control de variables puede ser mucho más estricto, empezando por el hecho de que se tratan pacientes individuales con el objetivo de curar una patología concreta, siendo muy a menudo los dilemas sociales y éticos mucho menos relevantes.

- Que la investigación no podrá ser nunca absolutamente concluyente[38] ni darnos recetas, pero que sin duda puede orientarnos en nuestra toma de decisiones sobre lo que parece más probable que pueda funcionar en nuestro contexto concreto.
- Que conviene no engañarse sobre lo que nos puede dar la investigación, y ser muy crítico y prudente con ella, pero tampoco despreciar lo que nos da por el hecho de ser tentativo.
- Que se necesitan grandes dosis de conocimiento cualitativo para poder interpretar y trasladar a la práctica los resultados de las grandes síntesis estadísticas.
- Tal vez el mensaje más duradero sea que los centros educativos y los docentes debemos comprometernos con la mejora utilizando modelos cíclicos de reflexión sobre nuestra práctica, a poder ser colectivamente. Y que quizá lo que se necesita en los centros educativos (y eso sí que parece que está confirmado por la investigación) son espacios formales de aprendizaje colectivo.
- Que deberíamos utilizar la investigación para cambiar las conversaciones que solemos tener los docentes. Deberíamos incorporar la lectura de libros de pedagogía, de revistas para docentes, de blogs educativos y de grandes síntesis, para empezar a cambiar las preguntas que nos hacemos en nuestras conversaciones, y desplazarlas del *¿qué estamos haciendo?* al *¿qué impacto realmente está teniendo lo que hacemos?*, *¿por qué funciona aquello de lo que estamos contentos?*, *¿qué están haciendo (y por qué) otros profesores en otros centros?*, *¿qué parece que funciona en esos centros?*, *¿podría (y cómo) trasladarse a nuestro contexto?*, *¿en qué marco conceptual y teórico estamos situados?*, *¿cuáles son nuestras finalidades educativas?*, *¿qué competencias queremos desarrollar en nuestro alumnado?*, etc.

Las respuestas que nos dimos en nuestro centro de Badalona en 2010 fueron diversas y se concretaron en decisiones a veces acertadas y otras no tanto, pero cambiaron para bien la manera en que afrontábamos la toma de decisiones a la que nos abocaba, y nos aboca, nuestra profesión. Con el tiempo, leímos a Geoff Petty y entendimos que "las mejores evidencias son imperfectas, las demás son peores. Pero hay formas de sortear esta incertidumbre", como su modelo de triangulación de las fuentes de evidencia (Petty, 2023), que propone combinar las revisiones de la investigación cuantitativa, las revisiones de la investigación cualitativa y las investigaciones sobre los métodos usados en sus aulas por profesorado experto con alto valor

---

[38] Actualmente, la base de datos *online* Visible Learning MetaX (Corwin Visible Learning Plus, 2024) con la que trabaja Visible Learning Plus es de 2.103 metaanálisis, que comprenden 132.000 estudios, involucrando a unos 300 millones de estudiantes de todo el mundo. Identifican 320 factores que se categorizan actualmente en 9 dimensiones: el estudiante, el hogar, la escuela, el aula, los docentes, el currículo, las estrategias de aprendizaje de los estudiantes, las estrategias docentes y el uso de tecnología en la escuela y fuera de ella.

añadido. También que "la autoridad última es su propia experiencia profesional: ¿Funciona el método para usted y sus estudiantes? Aun así, no abandone un método si no funciona al primer intento. Debido a la alta complejidad de la enseñanza, necesitará unos cinco ensayos para determinar si un método funciona y unos 25 para utilizarlo con una eficacia del 80 %" (Petty, 2023).

La difusión de los resultados de la investigación educativa

Como no existe un modelo irrefutable de lo que funciona en educación, es casi inexcusable estar atentos a los resultados de la investigación educativa, para ir encontrando aquello que parece que en otros sitios funciona y que podría incorporarse a nuestra realidad. Aquí topamos con la dificultad que hay para que lleguen al profesorado estos resultados.

Efectivamente, a pesar del gran desarrollo de la investigación en educación[39] a partir de la última década del siglo xx, sigue habiendo una brecha muy importante entre esta y su aplicación práctica en los centros escolares y en las aulas. Las causas de esta brecha han sido estudiadas repetidamente, detectando que algunas de las dificultades para la transferencia de la investigación a la práctica educativa tienen que ver con la difusión entre el profesorado de los resultados de la investigación y la recepción que este hace, debido a aspectos como (Gairín Sallán, 2021):

- Las dificultades para el acceso a las fuentes y la escasa presencia de la investigación en la formación inicial del profesorado en comparación con otros sectores.
- Las dificultades de comprensión del lenguaje demasiado técnico de la investigación educativa.
- La falta de formación del profesorado para poder interpretar y adaptar el conocimiento científico en la práctica.

Conviene decir de entrada que estos problemas relacionados con la difusión y recepción de los resultados de la investigación tienen mucho que ver, también, con los modelos de uso de la investigación que han sido predominantes en estos años, en los que parece que los investigadores *generan* nuevo conocimiento y el profesorado debería ser su *aplicador*. Estos enfoques, herederos de los paralelismos con la práctica basada en evidencia en otros campos (medicina, agricultura...), no han te-

---

[39] También ha crecido imparablemente el número de revistas que publican sus resultados. Por ejemplo, en la página web de la Revista de Educación (https://www.educacionfpydeportes.gob.es/revista-de-educacion/red-revistas.html) pueden encontrarse los enlaces a una red de más de 200 revistas de investigación en educación.

nido suficientemente en cuenta las peculiaridades y complejidades inherentes al hecho educativo en contextos formales ni la necesidad de abordar la relación entre la investigación y la práctica (entre los investigadores y el profesorado) desde una mayor horizontalidad y retroalimentación mutua. Estos aspectos, que nos parecen fundamentales, tienen que ver tanto con las formas de entender la investigación educativa por parte de sus agentes, como con la incorporación a la identidad docente de una perspectiva indagadora y reflexiva sobre su propio trabajo en el marco de una comunidad profesional de aprendizaje.

Se han puesto en marcha diversas estrategias para sortear estos obstáculos, en un intento de acercar de manera fácilmente accesible los resultados de la investigación a los docentes con un lenguaje más ajustado a las expectativas de este. Dos de las estrategias más relevantes han sido la creación de **repositorios de evidencias** y la difusión de **grandes síntesis de investigación**, que vamos a tratar a continuación.

Para estas y otras fuentes, Geoff Petty ha propuesto que los docentes analicen las evidencias propuestas con una lista de verificación de cinco preguntas (Petty, 2023):

- ¿Se ha contrastado con otras personas, preferiblemente con revisión por pares[40]?
- ¿Intenta incluir sistemáticamente todas las buenas evidencias?
- ¿Se basan las conclusiones en aulas (preferiblemente como la mía)?
- ¿Existe un grupo de control?
- ¿Existe una magnitud del efecto para comparar un método con otros?

Nosotros añadiríamos dos aspectos que nos parecen relevantes:
- ¿Cuáles son los fines de la institución que publica las evidencias?
- ¿Cuán actualizadas están las fuentes de evidencia?

La primera pregunta apunta a dos aspectos que pueden sesgar la publicación de resultados: los planteamientos ideológicos de la institución (que determinan, por ejemplo, qué se considera un buen rendimiento escolar y cómo se mide) y sus finalidades sociales y económicas. La segunda, apunta al hecho de que los resultados de la investigación son profundamente contextuales en el tiempo: no es para nada seguro que una metodología que funcionó hace 20 años siga funcionando hoy día, dados los intensos y acelerados cambios sociales y educativos que estamos viviendo.

---

[40] La revisión por pares es un mecanismo habitual en las revistas científicas, que consiste en que un artículo de investigación, antes de ser publicado, es revisado anónimamente por dos o tres expertos en el tema, que se pronuncian sobre su pertinencia y la metodología utilizada y sobre los resultados y conclusiones obtenidos.

Los repositorios de evidencias

Los repositorios de evidencias son sitios web, generalmente de acceso libre, que tienen como propósito proporcionar al profesorado:
- Acceso a los resultados y conclusiones de la investigación.
- Criterios para identificar la que cumple con estándares de calidad altos.
- Modelos para transferir los resultados a contextos concretos.

Estos sitios web, generalmente dependientes de la administración educativa y de instituciones investigadoras o promotoras de investigación (universidades, institutos de educación, fundaciones, ...), ponen a disposición de los profesionales de la educación los principales resultados de la investigación educativa, de manera sistematizada y accesible. Suelen ser de acceso libre y gratuito y organizarse por etapas educativas y ámbitos de conocimiento disciplinar.

Para un docente, encontrar la utilidad de los repositorios requiere de un cierto entrenamiento y de una cierta claridad de propósito. Por un lado, es necesario aprender a navegar por los repositorios y familiarizarse con el lenguaje de la investigación educativa y la forma de presentar los resultados. Por otro lado, y tal vez de manera más importante, hay que tener claro qué estamos buscando y para qué. Generalizando, podríamos decir que los repositorios de evidencias nos ayudan a discriminar aquello que parecer funcionar en educación, por ejemplo, la metacognición o un programa concreto de introducción a la lectura, pero no suelen decirnos mucho sobre cómo llevar a las aulas los procesos de metacognición o este mismo programa. Para ello, habrá que recurrir, casi siempre, a otras fuentes (libros, revistas, blogs) que nos puedan detallar cómo llevar a cabo estas implementaciones. Podríamos decir que el acceso a repositorios de evidencias es un primer acercamiento a lo que funciona en educación.

A continuación, presentamos brevemente algunos de estos repositorios.

Education Endowment Foundation[41]
Organización británica sin ánimo de lucro que nació para dar soporte educativo a familias y centros de alta complejidad para conseguir el éxito educativo. Tiene una intensa colaboración con el Gobierno de su país para desarrollar proyectos de evaluación de programas educativos masivos, muchos de ellos con escuelas que participan gratuitamente. Expone sus resultados de dos formas, principalmente:
- Las *Toolkit*, literalmente cajas de herramientas, un resumen gráfico donde mostrar las prácticas analizadas según su nivel de impacto, la robustez de la evidencia y el nivel de coste de su implementación;

---

[41] https://educationendowmentfoundation.org.uk/.

- y los *Guidance Reports* (informes de orientación) para la exposición de los resultados más importantes sobre un tema y la implementación de algún programa o metodología[42].

Whats Works Clearinghouse[43] (WWC)[44]

Es una iniciativa del Institut of Education Sciences (IES) del Departamento de Educación de Estados Unidos y su propósito es servir a los centros educativos y los docentes como una referencia nacional para la toma de decisiones sobre política educativa y sobre prácticas educativas.

Evidence fo ESSA[45]

Every Student Succeeds Act (ESSA) es la ley de educación promulgada en el 2015 en Estados Unidos, que ponía un énfasis especial en la financiación de programas educativos que hubieran mostrado su eficacia a partir de la investigación. Evidences for ESSA es la página web que reúne los programas que cumplen con los estándares de sólidez en la evidencia requeridos.

The Campbell Collaboration[46]

La idea de The Campbell Collaboration nace en 1999, en Londres, con la reunión de 80 investigadores de diversos países para establecer una fundación que recoja y genere las mejores evidencias sobre la eficacia de las intervenciones sociales. La fundación se constituyó el año 2000 en Estados Unidos y actualmente cuenta con tres centros regionales en Reino Unido y Irlanda, en Noruega y en la India. La fundación genera y difunde revisiones sistemáticas y metaanálisis bajo el lema "Better evidence for a better world". Ofrece muy buenas y muy ámplias referencias, continuamente en actualización.

Best Evidence Encyclopedia[47]

La página web creada por el Center for Research and Reform in Education (CRRE), de la facultad de educación de la Johns Hopkins University (Baltimore, Estados Unidos), para presentar los resultados de sus metaanálisis sobre programas edu-

---

[42] Se pueden encontrar versiones de sus materiales contextualizados para España en: https://educaixa.org/es/landing-evidencias y para América Latina y el Caribe en https://practicasefectivas.summaedu.org/public/strands.php.

[43] Literalmente "Centro de intercambio de información sobre lo que funciona".

[44] https://ies.ed.gov/ncee/wwc/FWW.

[45] https://www.evidenceforessa.org.

[46] https://www.campbellcollaboration.org/.

[47] https://bestevidence.org.

cativos para educación obligatoria. Siguiendo la inspiración de Robert Slavin, que fue director del CRRE, apuestan por las síntesis de las mejores evidencias, con un enfoque metodológico estricto que da mucho peso a los estudios basados en ECA[48].

Què funciona en educació?[49]

Esta web del Institut Català d'Avaluació de Polítiques Públiques se dedica a revisiones sistemáticas sobre diversos aspectos de actualidad en educación. Los informes de revisión se publican en catalán, español e inglés y se esfuerzan en ofrecer indicaciones concretas de lo que funciona a nivel de centro y de aula.

Las grandes síntesis

En este capítulo, utilizamos el concepto *grandes síntesis* para referirnos a aquellos trabajos que, a partir de un análisis muy amplio y exhaustivo de los resultados de la investigación en un campo determinado, se proponen ofrecer los ingredientes básicos que debería tener un modelo educativo.

Estos modelos suelen tener tres ingredientes: unos "principios" educativos que los autores consideran respaldados por la investigación; un amplio desarrollo de estos principios y cómo deberían llevarse a la práctica; y una justificación técnica de estos principios basada en la investigación educativa. Suele haber también una exposición sobre los fines educativos perseguidos, aunque no suele profundizarse demasiado en estos aspectos, dando por supuesto que la mejora del aprendizaje es en sí mismo un fin suficiente, sin entrar demasiado en consideraciones sobre el para qué y el porqué de esos aprendizajes.

A continuación, vamos a presentar dos de estas grandes síntesis: *Los principios de enseñanza* de Barak Rosenshine y *La naturaleza del aprendizaje* editado por Hanna Dumond, David Instace y Francisco Benavides.

Principles of instruction[50][51]

Esta publicación conjunta del International Bureau of Education de la UNESCO y la International Academy of Education, encargada a Barak Rosenshine, propone unos principios para la enseñanza basados en la triangulación de la investigación prove-

---

[48] Un apunte para entender de forma rápida la posición de Robert Slavin se puede ver en esta entrada en su blog donde critica el trabajo de John Hattie (Slavin, 2018).

[49] https://ivalua.cat/ca/educacio

[50] Rosenshine, Principles of instruction, 2010.

[51] Hay traducción en español en Rosenshine, *Principios de enseñanza* (2011).

niente de tres fuentes distintas: la investigación en psicología cognitiva, la investigación sobre prácticas de aula de los mejores docentes y los estudios relacionados con las estrategias de aprendizaje de los alumnos. Cada principio se presenta en tres apartados: *Hallazgos de investigación, En el aula* y *Lecturas sugeridas.* Los *10 Principios de Rosenshine*[52] son los siguientes:

1. **Revisión diaria:** la revisión diaria puede fortalecer el aprendizaje previo y conducir a una memoria fluida.
2. **Presentar el nuevo material usando pequeños pasos:** presentar solo pequeñas cantidades de nuevo material cada vez, y luego auxiliar a los estudiantes al poner en práctica este material.
3. **Hacer preguntas:** las preguntas ayudan a los estudiantes a practicar nueva información y conectar material nuevo con su aprendizaje previo.
4. **Proveer modelos:** proveer a los estudiantes de modelos y ejemplos resueltos puede ayudarlos a aprender a resolver problemas más rápido.
5. **Guiar la práctica del estudiante:** los maestros exitosos dedicaron más tiempo a guiar la práctica de los estudiantes con el nuevo material.
6. **Chequear el nivel de comprensión del estudiante:** hacerlo en cada contenido puede ayudar a los estudiantes a aprender el material con menos errores.
7. **Obtener un alto índice de éxito:** es importante para los estudiantes lograr un alto nivel de éxito durante el trabajo en el aula.
8. **Proporcionar andamiaje para las tareas difíciles:** el profesor provee al estudiante de soportes temporales y andamiaje para asistirlos en el aprendizaje de tareas difíciles.
9. **Práctica independiente:** proporcionar material para la práctica independiente exitosa.
10. **Revisión semanal y mensual:** los estudiantes necesitan estar involucrados en la práctica intensiva para desarrollar conocimiento bien conectado y automático.

Vale la pena destacar que aunque Rosenshine no propone un método concreto de instrucción, sino un conjunto de prácticas que pueden ser compatibles con metodologías variadas. Sus principios apuntan a cómo hacer máximamente eficaz una enseñanza basada en alguna forma de instrucción directa, que no debería confundirse con lo que se conoce como enseñanza tradicional o enseñanza magistral, ya que aquí no se trata de la transmisión mediante una disertación del docente, que ocuparía más bien poco espacio, sino de una sesión de clase en la que el alumnado es continuamente interpelado para trabajar y pensar sobre el contenido, interactuando continuamente con el docente, con unos objetivos claros y bien definidos. Podemos ver también que el modelo de Rosenshine

---

[52] Hay una magnífica aproximación a Los principios de Rosenshine y a cómo se pueden usar para el diseño de actividades de aula en Reverter (2025).

encuentra sus limitaciones si nuestro objetivo es, por ejemplo, desarrollar la transferencia de lo aprendido a nuevos contextos o si nos situamos en contextos en los que abordamos problemas abiertos y que pueden tener diversidad de aproximaciones.

The nature of Learning. Using research to inspire practice[53] [54]

Esta publicación, promovida por el Centre for Educational Research and innovation (CERI) de la Organización para la Cooperación y el Desarrollo Económico (OCDE), es una síntesis exhaustiva, elaborada por investigadores de reconocido prestigio, de los elementos fundamentales para diseñar lo que los editores llaman "ambientes innovadores de aprendizaje" (ILE – Innovative learning environments). Estructurada en 13 capítulos, el primero propone el concepto de ILE y como diseñarlos en el siglo XXI; los capítulos del 2 al 12 recogen síntesis de la investigación que van desde la comprensión de qué es el aprendizaje, la perspectiva cognitiva del aprendizaje, el papel de la motivación y la emoción, la evaluación formativa, el aprendizaje cooperativo, el uso de la tecnología para aprender, el aprendizaje por indagación, el papel de la comunidad educativa y la familia y los procesos de implementación de cambios. En el capítulo 13, se proponen las características fundamentales de los ILE, resumidas en los 7 principios centrales para el diseño de ambientes de aprendizaje que son[55] :

1. **Los aprendices en el centro:** el ambiente de aprendizaje reconoce a los aprendices como sus participantes esenciales, alienta su compromiso activo y desarrolla en ellos la comprensión de su propia actividad como aprendices

2. **La naturaleza social del aprendizaje:** el ambiente de aprendizaje se basa en la naturaleza social del aprendizaje y fomenta activamente el aprendizaje cooperativo y bien organizado.

3. **Las emociones son esenciales para el aprendizaje:** los profesionales de la educación dentro del ambiente de aprendizaje están altamente a tono con las motivaciones del aprendiz y el rol fundamental de las emociones en el logro.

4. **Reconocer las diferencias individuales:** el ambiente de aprendizaje es muy sensible a las diferencias individuales entre los aprendices, incluyendo su conocimiento previo.

5. **Incluir a todos los estudiantes:** el ambiente de aprendizaje diseña programas que conllevan trabajo arduo y suponen un reto para todos, sin caer en una sobrecarga excesiva.

---

[53] DUMONT, ISTANCE y BENAVIDES(2010): *The Nature of Learning. Using research to inspire practice.*

[54] Hay una edición parcial en español, con alguna adaptación a Latinoamérica: *La naturaleza del aprendizaje. Usando la investigación para inspirar la práctica.* (OCDE, OIE-Unesco, Unicef LACRO, 2016).

[55] Tomamos la traducción de la "Guía del practicante", editada por Jennifer Groff (Groff, 2012), en la que puede encontrarse un resumen de las propuestas de esta obra y algunas ideas para llevarlas a la práctica.

6. **Evaluación para el aprendizaje:** el ambiente de aprendizaje opera con claridad de expectativas y utiliza estrategias de evaluación consistentes con dichas expectativas; también hace énfasis en la retroalimentación.
7. **Construir conexiones horizontales:** el ambiente de aprendizaje promueve enfáticamente la "conexión horizontal" entre áreas del conocimiento y entre distintas materias, así como la conexión con la comunidad y con el mundo.

Como se ve en la lectura de estos principios, y como no puede ser de otra manera, los principios no son solamente técnicos, sino que también hay en ellos implícita la apuesta por una escuela que prepara a las personas para ser aprendices[56] en el marco de una sociedad del conocimiento a escala mundial, en la que el aprendizaje se desarrollará a lo largo de toda la vida y estará centrado en las *Competencias del siglo* XXI (Dumont e Istance, 2010).

Las grandes síntesis ofrecen a los docentes la oportunidad de acercarse a los resultados de la investigación sin tener que acceder a los estudios de base o a los metaanálisis, y obtener una mirada mucho más cercana a su realidad cotidiana.

Ahora bien, los dos ejemplos de grandes síntesis que hemos propuesto nos llevan a ver que las síntesis y los modelos dependen, en gran manera, de los objetivos y el alcance de lo que se proponen. En efecto, si la intención de un docente es introducir los elementos básicos de un tema, parecería que el modelo de Rosenshine podría ser muy efectivo. Si la intención del docente es desarrollar la capacidad de trabajar en equipo, parecería que el enfoque de la Naturaleza del Aprendizaje encajaría mejor. Estos dos ejemplos nos llevan a ver, una vez más, que la investigación educativa puede ofrecer soportes potentes a visiones diferentes de la educación, con distintas perspectivas de los fines que persiguen. Y es por este motivo que el análisis y la reflexión sobre los fines de la educación en nuestro contexto concreto son de suma importancia para poder elegir en cada momento el planteamiento de aula más adecuado de entre todos los que la investigación pone a nuestro alcance.

Otras fuentes de evidencias

El objetivo de acortar la distancia entre investigación educativa y docencia, ha contado también con el importante papel de difusión de tres tipos de medios, que nos parece que vale la pena reseñar aquí.

---

[56] Cómo contraste, vale la pena ver la obra Gert Biesta (2023), quien ha criticado con mucho sentido lo que llama la "aprendificación" de la educación.

En primer lugar, cabe destacar la labor de las editoriales del ámbito educativo que han dado cabida en sus catálogos a libros que planteaban propuestas a partir de la investigación, a menudo imprescindibles para poder acceder al conocimiento de planteamientos didácticos bien fundamentados.

En segundo lugar, las revistas de ámbito escolar dirigidas a docentes, sean más bien generalistas (*Cuadernos de pedagogía, Graó 0-6, Graó 6-12, Graó 12-18, Revista Pensadero, Dossier Graó, Perspectiva escolar...*) o dedicadas a las didácticas específicas (*Alambique, Uno, Tándem...*). Estas revistas suelen recoger contribuciones de docentes en activo que, desde una actitud indagadora, aportan la descripción y reflexión sobre su propia práctica, y son una fuente imprescindible para conocer el desarrollo de buenas prácticas educativas.

En tercer lugar, el mundo de los blogs dirigidos a docentes y dedicados a difundir con rigor las evidencias de la educación. En el caso de la blogosfera en español destacaremos los dos siguientes:

Investigación docente[57]

Es el blog donde uno de nosotros (Juan Fernández) pone a disposición de los docentes resúmenes (y traducciones) de libros y artículos de investigación en educación y, sobre todo, reflexiones de cómo interpretar y trasladar los resultados de la investigación a la práctica de aula. El blog pone un énfasis especial en el uso de los resultados de la psicología cognitiva y en ofrecer estrategias concretas para enseñar mejor.

El Mcgufin educativo[58]

Este es el blog mantenido por el maestro Albert Reverter desde 2015, centrado exclusivamente en divulgar sobre educación informada en la investigación educativa (principios de Rosehshine, evaluación, neuromitos, ...) y con un amplio repertorio de recursos.

Apuntemos una reflexión final. El hecho que los docentes puedan tener acceso a todas estas fuentes de evidencia no significa que las utilicen para su toma de decisiones. De hecho, parece (Gairín Sallán, 2021) que las fuentes consideradas más útiles por los docentes son las que les ofrecen una mejor accesibilidad, una mayor relevancia en el contexto de intervención y las que les ofrecen ejemplos prácticos. Por eso valoran especialmente los recursos de la web y de las redes docentes en las que participan, pero no dan un relieve determinante a la cientificidad de las fuentes. De hecho, parecería que es necesario aún un cambio en las creencias de lo que la investigación puede aportar a su práctica.

---

[57] https://investigaciondocente.com/.

[58] https://mcguffineducativo.es/.

Capítulo siete

El docente como generador de evidencias: el *caso Jordi Domènech*

El caso Jordi Domènech

El día 14 de septiembre de 2024, en una magnífica mañana de sábado en Barcelona, más de 200 docentes se reunieron, en el edificio de la Associació de Mestres Rosa Sensat, para dedicar unas horas a compartir cómo habían influido en sus prácticas las ideas y los materiales que Jordi Domènech había preparado y compartido a lo largo de los últimos 15 años.

La muerte de Jordi Domènech, en mayo de 2023, había conmocionado a la comunidad docente que había tenido contacto con él. Algunos de los presentes habían compartido con Jordi los múltiples espacios, formales, informales o autogestionados, en que hizo sus aportaciones (Institut Marta Estrada, Departament de Didàctica de les Matemàtiques i les Ciències Experimentals de la UAB, Betacamp, EduWiki-Labs, STEAMcat, Grupo LIEC, #InstitutsProjectant, etc.). Otros, simplemente, estábamos ahí porque habíamos leído sus libros[59], seguido sus blogs[60] y sus intervenciones en las redes sociales, escuchado alguna de sus conferencias o aprovechado los materiales que tan generosamente ponía a disposición de todo aquel que quisiera en su

---

[59] *Aprendizaje basado en proyectos, trabajos prácticos y controversias* (Domènech Casal, 2019); *Mueve tu lengua, que el cerebro te seguirá. 75 acciones lingüísticas para enseñar a pensar en ciencias* (Domènech Casal, 2022) y *Aprendizaje basado en proyectos para STEM. Breve manual práctico* (Domènech Casal, 2024).

[60] *Pupitrelàndia. Idees i recursos per a l'ensenyament de les ciències* (Domènech Casal, 2013-2022).

porfolio *online*[61]. Todos éramos conscientes de que aquella *Jornada Brutal*[62] era también un homenaje póstumo que la comunidad educativa catalana hacía a uno de sus miembros más queridos y admirados[63].

Para los propósitos de este libro, nos interesa profundizar en por qué era (y sigue siendo) tan admirado Jordi Domènech y por qué para muchos profesores es un referente profesional. Para ello vamos a rescatar algunas características de su quehacer que nos parecen determinantes y que pueden servirnos para indicar un camino posible para el profesional educativo que quiere fundamentar tan científicamente como pueda sus decisiones, siguiendo algunas de las ideas que expone en el prólogo de su último libro (Domènech Casal, 2024).

Lo primero destacable es que Jordi Domènech fue un profesor que escribió constantemente. Para él, la escritura era una parte fundamental de la reflexión sobre su práctica, una manera de "dar forma a la reflexión" para "hacerme un mapa a medida que me internaba en la caverna [de la didáctica de la ciencia]".

Jordi, además, publicó mucho y en contextos muy diferentes (Domènech Casal, 1999-2023). Revistas de investigación universitaria en didáctica, revistas de didáctica dirigidas a docentes, libros, blogs, redes sociales: cualquier instrumento era válido para compartir con otros docentes e investigadores sus hallazgos, experiencias, materiales y reflexiones.

Escribió y publicó mucho teniendo casi siempre como tema central su propia práctica docente. Exponía sus métodos y materiales a la luz pública para que otros profesores pudieran utilizarlos acompañados de una rica reflexión sobre sus porqués, sus fortalezas y debilidades a partir de un minucioso análisis, muy bien engarzado teóricamente, ya que creía que "lo que nos da potencia no son las herramientas prácticas, sino el diálogo con las herramientas, mirado con las 'gafas' de la fundamentación teórica. Esto nos permite ser críticos, poder discriminar entre diferentes propuestas e identificar vías para mejorarlas".

Para ello, se situaba ante su práctica con la actitud de un científico: "Cualquier cambio educativo no va de varitas mágicas, sino de picar piedra y explorar de manera persistente. Probar una y otra vez. Hablar con otros, aceptar errores, incorporar

---

[61] Jordi Domènch ePortfolio. Educació i Ensenyament de les Ciències (Domènech Casal, 1999-2023).

[62] El nombre de la jornada lo eligieron el grupo de amigos, amigas y compañeros que la organizó, muy posiblemente recogiendo el lema "Enseñemos bien. Seamos brutales." que Domènech proponía en el post "Una invitació al brutalisme educatiu" (Domènech Casal, Una invitació al brutalisme educatiu, 2022).

[63] Véase, por ejemplo, la editorial del número especial "Jordi Domènech i la didàctica de les ciències", que le dedicó. *Ciències. Revista del Professorat de Ciències* (Couso Lagarón, *et al.*, 2024).

'gafas' didácticas que nos permitan ver aquello que antes era difícil de ver. Volver, una y otra vez, a la tensión entre lo que queremos y lo que hacemos".

Como la práctica no es solamente la práctica de aula, Domènech piensa también en cómo organizar el centro para que el proyecto educativo que queremos sea posible, y lo pondrá en práctica participando como profesor y coordinador pedagógico en la creación del Institut Marta Estrada de Granollers (Barcelona). Una vez más, ahora en equipo, prueban, mejoran y reflexionan sobre el proceso y escriben y publican (Blanco *et al.*, 2019).

Plenamente consciente de sus intenciones de fondo, "…yo lo que quiero es ayudar a desarrollar un proceso de cambio", sabe que no puede hacerlo solo, que es necesario generar y participar en redes de docentes con las que compartir, ampliar y difundir una visión de la educación más allá de nuestro centro educativo, y se dedicará a ello con entusiasmo y un cierto activismo pedagógico[64]. En muchas de estas experiencias se pueden detectar algunas creencias que nos ayudan a completar la visión de Domènech: horizontalidad de las relaciones (entre personas, pero también entre investigación y práctica), capacidad de autogestión, uso estratégico de la tecnología para generar comunidad, rigor metodológico de los procesos, austeridad en los medios, inclusividad y atención a las personas, necesidad de crear un clima de colaboración abierta.

Quisiéramos acabar con un elemento que nos parece crucial: el hecho de que la actividad de Jordi Domènech se situó en el triángulo aula-investigación-formación. Jordi fue un profesor (de secundaria y también en el Máster de profesorado) que investigaba (con sus compañeros de centro y desde proyectos universitarios) y que actuó como formador de profesorado (en el Máster, pero también impartiendo formación permanente). Un triángulo sumamente enriquecedor y que solo fue posible gracias a su voluntad de mantener el diálogo entre la práctica y la investigación y a su habilidad para moverse en los entresijos del sistema para hacerlo posible. Como dice en una de sus afinadas notas a pie de página: "Excavando en la burocracia he ido encontrando las formas de trabajar media jornada en el aula y media en diferentes espacios […]. Pero es realmente complejo e incierto en el ámbito administrativo. Es paradójico que sea tan complicado en contraste con los discursos sobre innovación que leemos en periódicos y canales de comunicación de la Administración educativa".

¿Qué nos enseña a nosotros el *caso Jordi Domènech*? Tal vez la cosa esencial sea el ver cómo un docente puede situarse ante la enseñanza con una mirada de mejora continua desde una actitud indagadora de la propia práctica, buscando generar con rigor una **evidencia interna situada** de los efectos de aquella sobre el alumnado (y el profesorado). Y cómo esta evidencia situada, compartida abiertamente con otros

---

[64] La experiencia del Betacamp es paradigmática en este sentido, (Equip Impulsor Betacamp, 2024).

docentes y cotejada con la investigación educativa (la **evidencia externa** al centro), es un nuevo punto de partida. Lejos del "a mí me funciona", se abre críticamente al "cómo podríamos mejorarlo".

El ejemplo de Jordi Domènech nos muestra algunas de las competencias que debe tener un profesional de la docencia que quiere tomar decisiones en un marco de evidencias y, también, cómo deben ser sus entornos profesionales para que sea posible desarrollar el potencial de este tipo de profesional.

En este capítulo y los dos siguientes vamos a abordar algunos de estos aspectos: el docente como generador de evidencia interna situada, el tipo de profesional docente que se configura para una educación informada por evidencias y cómo las comunidades profesionales de aprendizaje pueden ser el entorno capaz de ayudar al florecimiento de este tipo de profesional.

El docente como generador de evidencia

Acabamos de ver un caso en el que un profesor se posiciona ante su práctica con una mirada indagadora que lo lleva a generar su propia evidencia situada. Esto permite a este docente tener una mirada privilegiada ante la toma de decisiones cotidiana, ya que puede enriquecerla con los dos tipos de evidencia, interna y externa. Le coloca, además, en una situación óptima para dialogar con los modelos teóricos. Dado que este nos parece un escenario deseable para la mejora educativa, queremos profundizar un poco más en este modelo de docente generador de evidencia[65].

Tiene sentido, entonces, que nos preguntemos por cómo se obtiene esta evidencia y cuál puede ser su utilidad en la mejora de los procesos educativos.

Para ello, vamos a proponer un modelo de interpretación de la posición del docente ante su práctica que está definida por dos ejes:
– El eje aplicador-estratega.
– El eje individuo-institución.

En el eje aplicador-estratega, en un extremo está el profesor que se considera aplicador de un método o práctica tal como le viene dado por alguna instancia, que podría ser la investigación educativa (con un método para mejorar la comprensión lectora ampliamente testado), una editorial (con el libro de texto y su cuaderno de ejercicios), una empresa (de robótica educativa con un conjunto de actividades para

---

[65] Hemos optado por no utilizar, aún, el término de "docente investigador", ya que nos parece que a veces levanta algunas suspicacias entre el profesorado, que lo asocia demasiado a los modelos de investigación profesional en el mundo universitario. Además, nos parece que el término "generador de evidencia" abre más posibilidades.

sacar partido a su *kit*) o el propio centro educativo (un conjunto de proyectos cerrados ya diseñados por el mismo centro). En el otro extremo está el profesor estratega que diseña, casi en tiempo real, las experiencias de aprendizaje ajustándolas a los intereses, las necesidades y la evolución del grupo de alumnos concreto.

En el eje individuo-institución, en un extremo se encuentra el docente que toma decisiones en solitario en un marco institucional que concede un amplio margen de autonomía al docente, y en el otro extremo se encuentra el docente que se mueve en un entorno institucional que delimita estrictamente los procesos de trabajo.

Evidentemente, en cada uno de los ejes se da un continuo de posibilidades en las que situarse y, por descontado, un mismo docente puede situarse en distintos puntos en diferentes momentos de su vida profesional e, incluso, alternar entre una posición u otra en un corto espacio de tiempo, según sean, por ejemplo, las materias que imparte o el grupo de alumnos al que atiende.

Estos dos ejes definen cuatro situaciones paradigmáticas (figura 1):

Figura 1. *El docente como generador de evidencia.*

a) **El docente aplicador de un modelo personal** que ha ido construyendo con el tiempo al incorporar métodos y materiales (recogidos de formaciones, lecturas, editoriales o generados por él mismo) que ha adaptado a su contexto en buena medida, en procesos de prueba-error llevados a cabo individualmente y guiado por sus creencias sobre el aprendizaje. En este caso, creemos que se puede hablar de un docente con experiencia, pero no de un docente que ha generado una evidencia interna.

b) **El docente aplicador de un modelo institucional** muy marcado, tanto en sus fines como en unos procedimientos y materiales que acotan de manera muy importante su autonomía. Podría ser el caso, por ejemplo, de las instituciones de método (Montessori, Waldorf…), pero también de instituciones con una cultura pedagógica y escolar muy marcada. En este caso, el docente no es propiamente generador de evidencias, pero sí podría serlo la institución, que podría argumentar las bondades de su modelo basándose en la evaluación del impacto que tuviese sobre el aprendizaje de sus alumnos, medido bien por los resultados en pruebas externas (pruebas de competencias básicas censales, pruebas de acceso a la universidad), bien por otro tipo de métricas generadas por la misma institución según sus fines educativos.

c) **El docente estratega en instituciones que se estructuran en forma de Comunidades Profesionales de Aprendizaje**, con procedimientos bien definidos de evaluación del impacto generado por la incorporación de unas prácticas que se eligen por su adecuación a los fines que se han determinado en el proyecto de centro, al contexto y al alumnado, y se evalúan en procesos estructurados de reflexión colectiva.

d) **El docente estratega que se sitúa como investigador de su propia práctica**, con una mirada crítica del impacto de sus decisiones metodológicas sobre el aprendizaje del alumnado, que se esfuerza en monitorizar de manera rigurosa. Este docente genera evidencia situada personal, que lo podría llevar a tomar decisiones expertas, con un alcance sobre el alumnado limitado por su aislamiento del resto de los docentes.

Este modelo nos permite ver que la generación de evidencia por parte de los docentes requiere de una mirada estratégica sobre su propia práctica, en la que se produce un esfuerzo consciente de aprender a partir de la evaluación sistemática y rigurosa, no impresionista, de los efectos sobre el aprendizaje de los alumnos. Una evaluación que puede ir mucho más allá de los resultados obtenidos en pruebas estandarizadas o en medidas cuantitativas, incorporando toda la potencia interpretativa de las metodologías cualitativas.

En todo caso, solamente cuando el docente se sitúa en una posición estratégica tiene sentido hablar de un docente que genera evidencia interna. En el caso del docente aplicador, se da por supuesto que la investigación es una función ajena a su labor y, a lo sumo, tiene sentido incorporar métodos que ya hayan sido testeados y ajustar algunos de sus parámetros para que encaje mejor en su contexto concreto. Eso no quiere decir que este docente no pueda mejorar en su práctica: la ejecución reiterada de determinadas metodologías lleva a un mejor dominio de las técnicas, con lo que cabe esperar (y así lo indican los estudios sobre desarrollo profesional[66]) que llegue a ser un docente experimentado y con un mejor logro de lo que era en sus inicios. Pero ser un docente experimentado no es exactamente lo mismo que ser un docente experto. Para dar este paso, es necesario que el docente se sitúe en una posición indagadora sobre su propia práctica.

---

[66] FULLAN, M. y HARGREAVES, A. (2014): *Capital profesional. Transformar la enseñanza en cada escuela*. Madrid, Morata.

Siguiendo a Philippe Perrenoud (Perrenoud, 2007), diríamos que el docente debe convertir la indagación y reflexión sobre su práctica en un *habitus*, entendido como aquel conjunto de esquemas de actuación que tiene un individuo en un momento determinado de su vida y que le hacen actuar de una determinada manera ante situaciones similares. En este sentido, para Perrenoud la reflexión no es un adorno, ni un apéndice al que recurrir en momentos de crisis o autoevaluación. Es el material mismo del que debe estar hecha la profesionalidad docente. No basta con hacer bien las cosas; es necesario saber por qué se hacen así, si podrían hacerse de otro modo, y qué efectos producen en quienes aprenden.

Perrenoud escribe contra la ilusión de que la experiencia por sí sola bastará. La práctica puede cristalizar en rutinas eficaces, pero opacas, que dan resultados sin que el docente pueda explicar ni replicar conscientemente sus mecanismos. De ahí la necesidad de pensar la acción mientras se actúa, de desarrollar un "*habitus* reflexivo" que convierta cada clase en un objeto potencial de análisis. Esto no significa paralizarse en la duda, sino al contrario: ganar libertad de movimiento. Reflexionar no es detenerse, es ensanchar el campo de lo posible.

¿Cómo contribuir a la construcción de un *habitus* profesional capaz de regular la acción mediante la reflexión? No basta con familiarizar a los (futuros) docentes con prácticas escolares: se trata de ayudarlos a desarrollar competencias que les permitan transformar su propia práctica con criterio y autonomía.

Esta reflexión no puede enseñarse desde la distancia ni con discursos normativos. Requiere dispositivos de formación que se adentren en la práctica real, que la tomen en serio como objeto de conocimiento, no como mero pretexto. Y exige también otro tipo de formador: no el experto que transmite recetas, sino el interlocutor que ayuda a mirar de nuevo lo que ya se hace, que desestabiliza suavemente las certezas heredadas. La formación no debe consistir en aprender a aplicar teorías, sino en construir las propias herramientas para habitar con lucidez la complejidad del aula.

Modelos para la investigación docente

Se han propuesto diversos modelos de profesorado-investigador[67]. Pensando en docentes que desean generar lo que hemos llamado evidencia interna situada, algunos modelos destacados son la investigación-acción (Latorre, 2003), la enseñanza exploratoria (Allwright, 2005), la indagación en la práctica (Richardson, 1994), la práctica

---

[67] Véase, por ejemplo, (Reis-Jorge, Ferreira y Olcina-Sempere: *La figura del profesorado-investigador en la reconstrucción de la profesionalidad docente en un mundo en transformación*, 2020).

reflexiva sistemática (Perrenoud, 2007)[68] o las espirales de indagación (Kaser y Halbert, 2020). En todos estos modelos, se parte de la propia experiencia profesional, en el contexto concreto en el que se trabaja, pero esta es evaluada y analizada de forma sistemática y estructurada, lo que va a ser el principal elemento diferenciador respecto a los procesos de prueba-error más espontáneos e intuitivos del profesor aplicador.

Estos modelos, y otros similares, se diferencian de la investigación académica clásica, entre otras cosas, en que su finalidad no es generar un conocimiento sobre aquello que es válido universalmente en educación, sino desarrollar las capacidades de los docentes para interpretar y dar respuestas de calidad a necesidades o problemas concretos que se generan en un contexto determinado, poniendo a menudo un énfasis importante en el cuidado de las relaciones entre las personas que en él interactúan.

Los modelos propuestos comparten características con el modelo cíclico que planteamos en el capítulo uno, en el que vemos reflejadas las características que, de una u otra forma, están presentes en todos ellos:

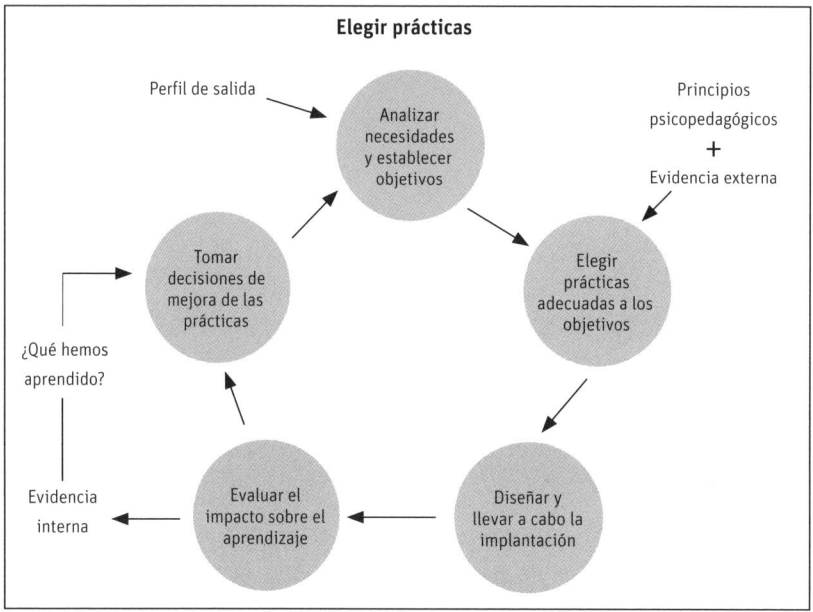

- **La conveniencia de partir de los fines educativos que nos proponemos**, lo que implica un trabajo previo de clarificación de estos fines y su concreción en un perfil de salida deseado para el alumnado en nuestro centro: antes de elegir prácticas deberíamos elegir propósitos.

---

[68] La propuesta de Perrenoud es especialmente interesante desde un punto de vista conceptual, aunque no fue la primera versión propuesta para la práctica reflexiva. En el capítulo nueve se aborda la práctica reflexiva en el marco de las Comunidades Profesionales de Aprendizaje.

- **La necesidad de diagnosticar cuáles son nuestras necesidades y establecer objetivos de acuerdo con ellas.** Estas necesidades pueden ser tan concretas como subsanar las dificultades de lectura fluida de nuestro alumnado de 3.º de primaria o la elección de fuentes fiables de información en un proyecto de investigación en 3.º de ESO; o tan genéricas como la de conseguir que el alumnado de nuestro centro sea más autónomo al desarrollar tareas individuales o que tenga una percepción positiva de la diversidad de orígenes y lenguas maternas en un centro de alta complejidad.
- **El papel de la evidencia externa y de nuestros modelos teóricos de referencia** para orientarnos en la interpretación de las necesidades y en la elección de posibles prácticas de resolución.
- **La elección de nuevas prácticas como una *hipótesis de intervención,*** del tipo "si hacemos xxxx esperamos que ocurrirá yyyy", que habrá que contrastar con la realidad, lo que implica diseñar no solo su puesta en marcha, sino también cómo vamos a medir su efecto.
- **La evaluación del impacto producido**, con toda la dificultad que conlleva, en un centro educativo, definir y medir los efectos de una práctica con rigor suficiente, especialmente si queremos ir más allá de la medida de resultados en pruebas estandarizadas de conocimientos adquiridos.
- **La generación de evidencia interna y del aprendizaje que ha generado** en la comunidad a partir de un análisis minucioso de la evaluación del impacto producido, que pueda llevarnos a responder a la pregunta *¿Qué hemos aprendido como docentes?*
- **La toma de decisiones de mejora de la práctica llevada a cabo**, a partir de los aprendizajes que como docentes hemos adquirido, iniciando un nuevo ciclo.

Las *condiciones de posibilidad* de la generación de evidencia situada

El proceso educativo es un proceso extraordinariamente complejo, muy sensible a las condiciones de contexto en las que se lleva a cabo. Si además el docente pretende situarse como generador de evidencias, esta complejidad se ve aún más acrecentada, por lo que, si no se dan las condiciones adecuadas, el titánico esfuerzo que requiere puede ser extraordinariamente desincentivador para la mayoría de los educadores y poco sostenible en el tiempo para aquellos que deciden iniciar el proceso. Nos atreveríamos a afirmar que las condiciones actuales en los centros educativos hacen muy difícil la tarea de situarse con una mirada indagadora sobre la propia práctica. Por tanto, parece pertinente preguntarse por cuáles serían las *condiciones de posibilidad* para que en los centros educativos se pueda generar evidencia situada.

Nos parece que hay tres *condiciones de posibilidad* fundamentales para que un centro educativo pueda generar su propia evidencia: clarificar cuáles son nuestros fines y nuestros criterios de éxito, dar espacio y tiempo para que la indagación se produzca y plantear nuevas aproximaciones a la formación del profesorado.

Clarificar nuestros fines educativos y cuáles son los criterios de éxito que establecemos es fundamental para poder medir el impacto de nuestras intervenciones. Para saber qué nuevas prácticas vamos a explorar y en qué vamos a fijarnos para medir el impacto de esa práctica, necesitamos saber qué perseguimos como centro. Si para nosotros como centro es importante que el alumnado tenga una mentalidad crítica ante las pseudociencias, no podemos limitarnos a medir sus conocimientos sobre una teoría científica, sino que tendremos que situarlo ante controversias científicas[69] y abordar aspectos como los criterios de verdad que utiliza al analizar información nueva, el uso que hace de las redes sociales e internet para informarse, qué criterios de fiabilidad utiliza para las fuentes de información, o cómo hacer aflorar si sus creencias sobre las afirmaciones de la pseudociencia han cambiado o no a lo largo de la secuencia de actividades. Un docente indagador necesita un entorno que lo lleve a interrogarse críticamente sobre sus *por qué y para qué*. Es función del liderazgo educativo propiciar esta interrogación colectivamente.

Un centro que **apuesta por la indagación de los docentes** tendrá que reconsiderar la organización de sus espacios y tiempos para hacerla posible, con un enfoque para ir más allá de las rigideces del actual modelo de profesional educativo como alguien que "da clases" o "dirige" y de un centro educativo estructurado sobre la lógica "un aula-un grupo de alumnos-un profesor". La "hora de clase" debería dejar de ser el parámetro de medida fundamental del trabajo docente, y empezar a considerar con la misma importancia el tiempo dedicado a otras funciones: diseño de actividades, investigación sobre su impacto, práctica reflexiva, participación en redes de docentes, etc. Requiere, también, liberar tiempo de tareas que ahora desarrollan los docentes y que podrían desarrollar de manera mucho más eficiente otros profesionales (por ejemplo, el tiempo de gestión de los dispositivos digitales del centro, el tiempo de gestión de autorizaciones, excursiones, absentismo, etc.) o con otros medios (un buen contexto tecnológico debería simplificar tareas como la elaboración y seguimiento de programaciones y memorias, recogida y tratamiento de evidencias de evaluación, elaboración de informes para las familias, etc.). Y requiere también repensar qué espacios de trabajo colectivo tenemos en el centro (por ejem-

---

[69] Jordi Domènech tiene un magnífico planteamiento de actividades sobre controversias con el título "Comprender, decidir y actuar. Scitizenship y controversias sociocientíficas" en (Domènech Casal, *Aprendizaje basado en proyectos, trabajos prácticos y controversias. 28 propuestas y reflexiones para enseñar Ciencias*, 2019).

plo, si es adecuada la organización en secundaria por departamentos entorno a las disciplinas) y cómo los utilizamos.

Otro aspecto fundamental es reservar espacios y tiempos para la participación de centros y docentes en redes en las que compartir y contrastar experiencias. La investigación muestra que hay que "mirar hacia fuera para mejorar dentro" (Fullan, 2016). Esto es especialmente importante si nuestro centro sistematiza la práctica reflexiva, ya que uno de sus peligros es que en el proceso reflexivo se caiga en la *reflexión autoconfirmada*, lastrada por una mirada muy endogámica, demasiado complaciente y poco crítica con la cultura de centro compartida por los docentes. Además, participar en redes nos obliga, para poder compartir nuestras experiencias, a escribirlas, lo que comporta un rico proceso de recapitulación y sistematización[70].

La tercera *condición de posibilidad* tiene que ver con la **formación de los docentes para la indagación**. La formación inicial que reciben los futuros docentes suele estar dirigida a crear más bien un docente aplicador que estratégico, con más peso en lo individual que en lo institucional/colectivo. La formación sobre investigación educativa es muy escasa[71] y suele centrarse en la evidencia externa que justificaría el uso de unas prácticas y no de otras, configurando un docente como individuo aplicador que construirá, con el tiempo y la práctica, un modelo personal de docencia. La posibilidad de que acabe siendo un docente con mentalidad indagadora se juega, en buena parte, en los centros educativos.

Por ello, es necesario que el liderazgo pedagógico en escuelas e institutos asuma la tarea de propiciar un desarrollo profesional docente que incluya el de la mentalidad indagadora. Es necesario que el paradigma de formación permanente se reoriente para centrarse en el análisis y mejora de la propia práctica, a ser posible en el propio centro, colectivamente y muy bien encaminado por formadores que se posicionen más como acompañantes expertos en el proceso de mejora que como

---

[70] Jordi Domènech y el equipo fundacional del Instituto Marta Estrada impulsaron unas jornadas de puertas abiertas para profesorado en las que el centro acogía a los docentes interesados en conocer su modelo de centro, y compartía y exponía a la crítica profesional sus opciones pedagógicas y sus diseños didácticos.

[71] Aunque hay al menos una asignatura relacionada con la investigación educativa en los planes docentes del Grado de Maestro y en el Máster de Profesorado de Educación Secundaria, estas suelen estar encaminadas al conocimiento a grandes rasgos de los modelos de investigación académica y a su relación con las diversas propuestas educativas. No suele ser el núcleo central de estas materias el aproximar al futuro docente a la indagación sobre su propia práctica. El problema se ve acrecentado en la Educación Secundaria, ya que los futuros profesores que acceden al máster son especialistas en un área de conocimiento de la cual, en sus estudios de grado, no han cursado en la inmensa mayoría de los casos materias relacionadas con la historia, la epistemología o la didáctica de su disciplina.

transmisores de metodologías o contenidos concretos. Esta formación debe tener continuidad en el tiempo y servir para iniciar un camino de ida y vuelta entre el aula y la formación. Podríamos decir que la sesión formativa es el espacio para el análisis de los datos que extraemos del aula, su valoración, la puesta en común de los aprendizajes que hemos hecho como docentes y la conexión con los planteamientos teóricos, que nos permitan interpretar el impacto de nuestra práctica, para ir más allá de ella y rediseñarla.

Este planteamiento implica reflexionar y cambiar la mirada sobre cuáles deben ser los fines de la formación y quiénes deben ser los formadores de docentes. Las opciones que se pueden imaginar son múltiples: docentes expertos, en activo, que dedican una parte de su tiempo laboral a este acompañamiento (50 % aula y 50 % formación, por ejemplo); docentes expertos del propio centro que se dedican, en exclusiva o no, a desarrollar el papel de coordinador de investigación e innovación o de dinamizador de la Comunidad Profesional de Aprendizaje; docentes expertos de los centros de formación del profesorado; docentes expertos que se dedican parcialmente a la investigación académica; investigadores universitarios comprometidos en un proyecto de mejora a largo plazo con el centro, etc. Todos ellos son modelos que podrían ayudar a sellar la brecha entre la investigación y la práctica, pero requieren de una apuesta colectiva para ir más allá de las rigideces del actual modelo de formación del profesional educativo.

En conclusión

En este capítulo hemos partido del *caso **Jordi Domènech*** para ver cómo un docente puede ser generador de evidencia situada en su instituto, lo que le posiciona en una situación ideal para la reflexión sobre su propia práctica, y cómo esta, al compartirse con el profesorado de su centro y en redes formales e informales, genera una comunidad de aprendizaje.

También hemos buceado en los modelos de docente-investigador para apostar por un profesorado estratega que desarrolla el *habitus* profesional de reflexionar sobre su acción educativa y de generar evidencia situada. Para muchos de los investigadores en desarrollo profesional, estos modelos son el mejor camino para el desarrollo profesional del docente a lo largo de su vida laboral, ya que, por un lado, llevan a una mejora de la eficacia técnica del docente y, por otro, le proporcionan una mayor capacidad de análisis y comprensión, en toda su complejidad, de la acción educativa en su situación singular.

Y hemos visto también que para que el docente generador de evidencias se pueda desarrollar son necesarias unas determinadas condiciones en los centros y en el sistema educativo. En el fondo, esto implica apostar por un determinado modelo de profesional educativo al que vamos a dedicar el capítulo siguiente. Pero antes conviene hacer un apunte que nos parece fundamental y sin el cual buena parte de lo escrito deja de tener sentido: no podemos pretender que la indagación se implante de manera sistemática en los centros educativos como una tarea añadida al actual trabajo docente. Sin una apuesta decidida de la Administración, las facultades de educación, los centros de formación permanente, las titularidades de los centros y los sindicatos de profesores para generar las condiciones que lo hacen posible, este cambio no será generalizado y sostenible, y quedará a expensas de la convicción y el entusiasmo de colectivos docentes singulares que navegan en un mar de impedimentos para mantener su rumbo y abrir nuevas vías.

Capítulo ocho

La profesionalización docente

La complejidad de los retos a los que se enfrenta la escuela desde finales del siglo xx ha puesto en cuestión la propia naturaleza de la labor docente. La configuración de la sociedad de la información y el conocimiento en la que vivimos ha tenido un gran impacto sobre la institución educativa, ya que además de poner sobre la mesa la necesidad de escolarizar a todas las personas y la de hacerlo hasta edades cada vez más avanzadas[72], ha vivido una gran presión en la definición de sus finalidades, tensionada entre satisfacer las necesidades formativas del sistema económico posindustrial, neoliberal y globalizador y una educación integral para todos, para la vida en sociedades democráticas. Si añadimos a estos factores sociales la gran expansión de la investigación educativa y el despliegue de nuevos enfoques pedagógicos, no nos ha de extrañar que la definición de la función docente haya entrado en crisis, crisis que las sucesivas reformas del sistema educativo no han hecho más que acrecentar.

En este contexto, ha sido ineludible plantearse nuevos modelos para la labor docente que dieran respuesta a los retos de la nueva educación. Estos modelos han oscilado entre concepciones gerencialistas, en las que el docente se configura, instrumentalmente, como un aplicador de las directrices de los investigadores, los *policy makers* y los diseñadores del sistema educativo, y concepciones profesionalizadoras, en las que se piensa la docencia como una labor basada en el desarrollo del

---

[72] En los países occidentales se ha generalizado la escolarización obligatoria hasta los 16 años y muchos de ellos ya están ampliando esta obligatoriedad hasta los 18 años, con una mirada puesta en adquirir competencias para seguir aprendiendo a lo largo de toda la vida.

buen juicio profesional con un amplio margen para la toma de decisiones en entornos complejos[73].

Para pensar el docente que hemos ido perfilando en este libro, un docente que atiende a los retos del sistema desde una mirada crítica e indagadora sobre sus fines y su propia práctica, en colectividad, nos parece oportuno seguir el enfoque que Michael Fullan y Andy Hargreaves han propuesto en su libro *Capital profesional*, que lleva el significativo subtítulo de "Transformar la enseñanza en cada escuela" (Fullan y Hargreaves, 2014).

Capital profesional

Fullan y Hargreaves llevan décadas dedicándose a la investigación y la experimentación en procesos de cambio educativo, sobre todo en Estados Unidos y Canadá. Han asesorado a centros educativos, distritos escolares, gobiernos locales, regionales y estatales. Y han escrito libros influyentes sobre docencia, liderazgo e innovación. Con toda esta experiencia y saber acumulado, en los últimos tiempos han puesto el foco sobre las limitaciones de la medición en el diseño de políticas públicas[74] y la importancia de fomentar el compromiso y la responsabilidad de los docentes y líderes escolares, y su implicación en redes colaborativas para la mejora de la educación (Fullan, 2019). En 2012, fruto de sus reflexiones sobre el escaso impacto de las sucesivas reformas educativas emprendidas y de sus preocupaciones por la decreciente equidad y justicia social en las sociedades occidentales que, según su análisis, los sistemas educativos no contribuyen a revertir, escriben *Capital profesional. Transformar la enseñanza en cada escuela*, para, en el fondo, proponer un cambio de las prioridades en las políticas educativas, que deben poner en el centro el desarrollo de las capacidades de los docentes y los líderes escolares para fomentar la determinación colectiva para el cambio, el propio aprendizaje que les permita adaptarse a cada contexto y una cultura docente basada en la responsabilidad y la confianza.

---

[73] Es obligado dejar constancia de que hay otras vías de pensar la función docente que parten de una visión de la época, la escuela y sus finalidades muy alejada de la que aquí exponemos, a la que nos parece importante estar atentos, ya que iluminan con su mirada crítica algunos de los riesgos que implican los modelos que proponemos. Dos ejemplos importantes son el libro de Jorge Larrosa *Esperando no se sabe qué. Sobre el oficio de profesor (Larrosa, 2019)*, y el libro de Jan Masschelein y Maarten Simons *Defensa de la escuela. Una cuestión pública* (Masschelein y Simons, 2014).

[74] Véase la entrevista "La gente está aburrida de PISA, hay cosas más importantes que tres cifras que suben o bajan" (Hargreaves, 2021).

Para ello, los sistemas educativos tienen que invertir, a largo plazo, para "conseguir buenos profesores para todos los alumnos", lo que requiere que "los docentes estén muy comprometidos, bien preparados, en continua formación, adecuadamente pagados, que haya un buen trabajo en equipo para maximizar su propio progreso y que sean capaces de hacer juicios efectivos al usar toda su capacidad y experiencia" (Fullan y Hargreaves, 2014).

Para Hargreaves y Fullan, la profesión docente posee un **capital profesional** que está compuesto de tres elementos: capital humano, capital social y capital decisorio.

El **capital humano** hace referencia al talento individual y se relaciona con aquellos aspectos que tienen que ver con el desarrollo del conocimiento y las competencias necesarias para ejercer la docencia. En sus palabras "Es conocer el tema y saber cómo enseñarlo; conocer a los niños y entender cómo aprenden; entender la diversidad cultural y las circunstancias familiares de los alumnos; estar familiarizado y poder elegir las prácticas acertadas e innovadoras, y tener las capacidades emocionales para empatizar con diversos grupos de niños y de adultos dentro y fuera de la escuela. Tratar de poseer la pasión y el compromiso ético de servir a los niños y querer mejorar en la forma de proveer ese servicio".

Pero el capital humano debe fluir si queremos que los colectivos se enriquezcan y sean espacios de confianza con un propósito compartido, estimulantes tanto para el desarrollo profesional individual como para desplegar nuevas ideas educativas. Para ello, es necesario generar las condiciones para que los docentes adquieran **capital social**, entendido como la capacidad de generar un elevado número de interacciones y relaciones sociales que permitan a las personas involucradas incrementar el acceso mutuo al conocimiento y la información del resto de personas del grupo, compartiendo unas mismas expectativas, obligaciones y confianza, así como normas y códigos de comportamiento. El capital social "incrementa el conocimiento, da acceso al capital humano de otras personas. Expande la red de influencias y oportunidades. Y crea capacidad de adaptación al saber que hay otras personas a las que se puede recurrir, que pueden ofrecer consejo y convertirse en sus defensores".

El capital social debe prevenir los riesgos del individualismo que históricamente ha definido la docencia, sin "erradicar por ello la individualidad (expresar desacuerdo, oportunidad para la soledad, y una absoluta extravagancia)". El capital social permite pensar en una cultura profesional colaborativa que cree que la mejora de la educación, a nivel de centro y a nivel sistémico, es posible y que es una tarea colectiva.

Se deja ver que el capital humano y el capital social no son suficientes, ya que no están, por sí mismos, puestos al servició de un fin. ¿Cuál es este fin? Según el modelo de Hargreaves y Fullan, el fin debe ser la "toma de decisiones en situaciones de incertidumbre inevitable en las que la evidencia o las normas no están categóricamente claras". Pero esta capacidad para la toma de decisiones hay que desarrollarla, ya que no va a darse automáticamente por poseer capital humano y capital social. Hay que cultivar el propio **capital decisorio**. Hay que adquirirlo y acumularlo "a través de experiencias estructuradas y desestructuradas, práctica y reflexión" para desarrollar la capacidad de decidir a partir de una comprensión profunda de las situaciones ante las que nos encontramos y las experiencias propias y las de los compañeros en la formación de juicios en ese tipo de situaciones u otras más o menos próximas. Para ello, para pasar de tener experiencia a ser un experto, es necesario que la práctica profesional sea deliberadamente reflexiva y se extienda en un período largo de tiempo.

El conocido dicho de que para ser experto en algún campo de actuación son necesarias 10 000 horas de práctica deliberada a lo largo de 10 años, parece confirmarse en los estudios de investigación del desarrollo profesional en los que se afirma que la etapa más exitosa de la carrera de los docentes se da en torno a los 8-10 años de ejercicio profesional. Ahora bien, una parte de ese éxito es debida a que el profesor ha aprendido el oficio docente: ha aprendido a gestionar la clase, se ha familiarizado con los contenidos que enseña, ha aprendido a distribuirlos a lo largo del tiempo, ha mejorado la claridad de sus exposiciones y explicaciones, ha hecho suyas un conjunto de metodologías, etc. Para que, comparativamente con otros docentes, sea además una etapa de excelencia profesional es necesario que el docente haya analizado su práctica de manera deliberada, para afinar su capacidad de juicio, centrada no tanto en el *qué* hacer como en *cuándo* hacerlo y *cómo* hacerlo. Por ejemplo, ante una pregunta de una duda de un alumno, debe aprender cuándo contestar con una respuesta concreta que puede resolver la duda (la respuesta "correcta") y cuándo hacerlo con una pregunta que lleve al alumno a analizar el problema con más finura o desde otro punto de vista; tiene que saber identificar cuál es la dificultad concreta que está experimentando el alumno y de qué tipo es (¿es un problema de conocimientos previos?, ¿de concepciones erróneas?, ¿de comprensión e interpretación de la tarea?, ¿de formulación de esta?, ¿de autoconcepto o autoconfianza como estudiante?, ¿no está identificando su error?, ¿lo identifica, pero no sabe encontrar caminos alternativos?, ¿no usa con precisión el léxico?, ¿ha automatizado un procedimiento, pero no lo ha comprendido?), debe saber discernir si hay que darle más tiempo para que resuelva el problema solo o con ayuda de algún compañero, si puede ser adecuado proporcionar un material de soporte (bases de orientación, listas de verificación, modelos…) o asignarle un compañero para que se orienten mutuamente, etc.

Este buen juicio profesional se desarrolla mejor en comunidad, a partir de la práctica reflexiva colectiva estructurada, el análisis "clínico" de casos en grupos de docentes, la observación de aula, las *Lesson Study*, la co-docencia, etc. Para ello es necesario dedicar espacios y tiempos para que estas actuaciones sean posibles, y crear una cultura de centro que lo potencie.

No solo *capital profesional*

Hay un cierto paralelismo entre los tres tipos de capital que proponen Hargreaves y Fullan y los ejes para pensar las finalidades de la educación que propone Gert Biesta y que comentamos en el capítulo 2: cualificación, socialización y subjetivación. Parece oportuno recuperar estos fines para analizar el modelo de profesor, ya que el elemento subjetivación que propone Biesta nos hace ver que no solo de *capital profesional* puede vivir el docente.

Gert Biesta ha expuesto extensamente en *El bello riesgo de educar. Cada acto educativo es singular y abierto a lo imprevisto* (Biesta, 2017) cómo entiende el proceso de subjetivación y qué implicaciones tiene para la comprensión de lo que pasa en la escuela. Biesta critica lo que llama "la era del aprendizaje" en la educación, que a su juicio se ha centrado en propiciar en el alumno un aprendizaje individual medible, a partir de unos procesos "científicamente" escogidos, para llegar a unas metas mensurables previamente establecidas (unos buenos objetivos de aprendizaje), con un docente que tiene un papel esencialmente técnico (y aquí técnico incluye también el conocimiento de las técnicas de acompañamiento psicológico y emocional). Para Biesta, este enfoque anula lo que la educación tiene de acontecimiento abierto a lo imprevisto y a la interrupción del mundo, que solo puede darse cuando se asume que alumno(s) y docente(s) son sujetos singulares en interacciones no previsibles, y que el docente, además de técnica en el sentido expuesto, tiene algo más que aportar, tiene algo que enseñar.

Segun Biesta, en la "era de las mediciones", la escuela se ha puesto en demasía bajo los mecanismos de prescripción y control de un estado (organización del sistema educativo, currículum, inspección, rendición de cuentas, evaluaciones estandarizadas, programaciones, memorias…) que se ha centrado en lo medible, sobre lo cual se "rinden cuentas". Paralelamente, los fines del sistema educativo se han focalizado en el factor cualificación (preparación del alumnado para la sociedad del conocimiento), concretándose en el desarrollo de las competencias que se presupone que van a ser necesarias para la incorporación del alumnado a un sistema productivo[75] que se dice imprevisible y aceleradamente cambiante.

Gert Biesta pone de manifiesto que esta era de la medición centrada en el aprendizaje de competencias cualificadoras tiende a relegar el papel docente a lo técnico, presuponiéndolo como un aplicador experto de prácticas que han demostrado científicamente su eficacia para conseguir los aprendizajes medibles que se

---

[75] Estas competencias no son solo técnicas, sino que incluyen competencias personales y actitudinales, las conocidas como *soft skill*, como la capacidad para el trabajo en equipo, para el aprendizaje permanente, flexibilidad adaptativa ante el cambio, para la autorregulación emocional, etc.

han prescrito. Pero a su entender, la educación no puede encerrarse en el aprendizaje prescrito a no ser que decida olvidarse de la función de subjetivación del alumno. Esta función, que pretende que el alumno pueda desbordar los márgenes normativos del mundo para aportar algo nuevo a él, para ir más allá de su perpetuación, requiere del docente una **subjetivación profesional**, una capacidad para emitir juicios profesionales "virtuosos", que le permitan situar en el mundo compartido y único, singular, de cada escuela y cada alumno, la elección de lo que es importante saber y cómo diseñar el dispositivo pedagógico y propiciar las interacciones personales para que el alumno pueda llegar a saberlo: para enseñarlo. Para Biesta, siguiendo a Jacques Rancière[76], es inevitable la fragilidad del acto educativo, ya que se expone al acto de libertad del estudiante (el de aceptar o no la propuesta del docente) y a las consecuencias imprevisibles sobre el alumnado de lo aprendido. Y por todo ello, el docente tiene que ser "sabio" pedagógicamente hablando, tiene que saber identificar sus propósitos educativos en términos también de la subjetivación del alumnado en relación a la comunidad a la que pertenece. Y para ello es inevitable que el docente sea capaz no solo de utilizar su capital profesional para emitir juicios técnicos, sino también de utilizar su "sabiduría del mundo" para emitir juicios de valor sobre lo que es pertinente o no estudiar, sobre cómo enseñarlo y sobre por qué y para qué enseñarlo. En definitiva, sabiduría para dotar de sentido a su labor como docente.

Vale la pena, nos parece, atender al matiz de Biesta entre la toma de decisiones "profesionales" y la emisión de juicios de valor en educación. Como Fullan y Hargreaves nos proponían, la escuela del siglo xxi necesita un docente con un sólido capital humano, social y decisorio, en el que se incluyen las habilidades técnicas tanto para utilizar los resultados de la investigación (evidencia externa) como para situarse como indagador de la propia práctica y generar evidencia situada (interna), para tomar las decisiones adecuadas para mejorarla en procesos cíclicos, idealmente en el marco de una comunidad profesional reflexiva. Pero, además, el docente tiene que atesorar "sabiduría pedagógica" para saber establecer los propósitos de sus actos educativos, tiene que saber valorar su pertinencia técnica, pero también valorar y argumentar su pertinencia ética, política y humana, sin olvidar nunca que cada alumno es singular y educable por principio[77].

Es inevitable pensar que una identidad docente de este tipo tiene como derivada que probablemente tendremos un docente crítico con la propia estructura educativa, un docente participativo y reivindicativo en el centro (claustros, equipos docentes, CPA, consejos escolares, etc.), pero también fuera del centro (sindicatos, colegios profesionales, asociaciones...). Esto, que a algunos les puede pare-

---

[76] Véase *El maestro ignorante. Cinco lecciones sobre la emancipación intelectual* (Rancière, 2010).

[77] Sobre el principio de educabilidad, véase, por ejemplo, *Le pari de l'éducabilité*, de Philippe Meirieu (Meirieu, 2008)

cer incómodo, a nosotros nos parece que abre una gran oportunidad para profundizar en los mecanismos de participación colectiva para la toma de decisiones en el propio centro, incorporando toda la riqueza de las visiones diferentes, teniendo presente que puede ser un muy buen ejemplo para toda la comunidad escolar, especialmente para el alumnado, que verá a sus profesores trabajar juntos, practicando la discrepancia por cauces dialógicos y democráticos. Además, puede ser fuente de significatividad al permitir que se conviertan en objeto de estudio problemas sociales relevantes que este docente crítico identifica y trae con él al centro.

La profesionalización docente

Parece claro que el sistema actual de incorporación y desarrollo profesional de los docentes está lejos de conseguir el modelo de profesional que hemos ido configurando en los epígrafes anteriores. Para poder acercarnos a ese modelo, debería actuarse al menos en tres planos: en el de la formación inicial de los docentes, en el de la iniciación e inducción a la docencia y en el del desarrollo de la carrera docente.

En el plano de **la formación inicial** de los docentes, que desborda con mucho el propósito y alcance de este libro, apuntar escuetamente cuatro ideas que nos parecen esenciales para formar al docente al que aspiramos. La primera es que la formación inicial debería incluir la capacitación de los futuros docentes para comprender los mecanismos de producción de la investigación educativa, y para la búsqueda y selección de evidencia externa que dé soporte a las prácticas que se quieren incorporar. La segunda es que la formación inicial debería poner de relieve la importancia de tener una actitud indagadora y crítica sobre la propia práctica y desarrollar las capacidades para la obtención de evidencia situada. La tercera es que debería poner las bases para el desarrollo del juicio profesional "sabio", lo que implica comprender la importancia de tener el hábito de reflexionar sobre los fines de lo que se está haciendo, sobre la pertinencia de estos fines en un contexto concreto y sobre la adecuación entre dichos fines, los métodos que se utilizan y sus efectos sobre el alumnado. La cuarta y última es que los períodos de práctica (y los trabajos finales de grado —en Educación Infantil y Primaria— o de máster —en el caso de Secundaria—) deberían tener entre sus objetivos la puesta en práctica en situaciones concretas de los tres aspectos anteriores.

Una vez finalizada la formación inicial imprescindible para el ejercicio de la docencia, los nuevos docentes inician su carrera profesional en los centros educativos. Esta **iniciación profesional** es actualmente, en el caso de España, un proceso con diversas posibilidades[78]. En gran parte de los casos se empieza haciendo sustituciones temporales (de duración variable, pero a menudo de pocas semanas o incluso de días) y el proceso de iniciación es prácticamente inexistente. Si se ejerce como profesor interino a lo largo de un curso escolar, en los centros públicos la iniciación puede incluir un período de formación, tutorización y evaluación. Si se entra como profesor funcionario en prácticas en un centro público, el proceso de iniciación es el regido por el proceso general de incorporación de funcionario docente en prácticas[79] (que no depende de si se es novel o no).

En general, este proceso de iniciación se suele encarar con un cierto espíritu de burocracia inevitable y sin una auténtica consciencia de la importancia de esa etapa crucial para el desarrollo del profesional que empieza. Además, el sistema educativo actual, al menos en España (Álvarez-López, Marín-Blanco, García Ferrero, y Cercós, 2019), no contempla apenas que se disponga de recursos y tiempo, remunerado y reconocido, ni para el docente que empieza (en forma, por ejemplo, de reducción de jornada para conocer a fondo el centro y el alumnado, su proyecto educativo, para la preparación y diseño de sus programaciones y actividades de aula, etc.) ni para el centro que acoge (para una acogida inicial cuidadosa o para una continuada tutorización o mentoría por parte de un docente experto, por ejemplo). Y no ayuda tampoco el hecho de que, para muchos profesores y maestros, esta iniciación se produzca en un marco de incertidumbre laboral, en forma de sustituciones de duración corta y a menudo incierta, con cambios sucesivos de centro (a menudo en un mismo curso escolar), en campos de conocimiento alejados de la propia especialidad, etc. Como dicen Álvarez-López et al., "El estudio de las diferentes comunidades pone de manifiesto la inexistencia de procesos de acompañamiento a los profesores noveles"[80], con alguna excepción singular.

En este contexto, nos atreveríamos a afirmar que, en definitiva, la iniciación profesional docente en España depende casi exclusivamente de la cultura de acogida de los centros que reciben a los docentes noveles, lo cual le confiere una discrecionalidad demasiado azarosa. Muchos de estos centros, con más voluntad que re-

---

[78] Cabe decir que en el caso español hay una diferencia notable en la incorporación de nuevos docentes entre los centros públicos, cuyos procedimientos de contratación dependen de la administración educativa correspondiente y no de los mismos centros, y los centros privados o privados concertados, en los que los procedimientos de contratación e iniciación dependen únicamente de su titularidad.

[79] Para una visión general de este proceso en España puede verse "Fase de prácticas o inducción de los cuerpos docentes no universitarios en las Administraciones educativas" (Ministerio de Educación, Formación Profesional y Deportes - Gobierno de España, 2023).

[80] "Estudio comparado de la iniciación profesional docente en España" (Álvarez-López, Marín-Blanco, García Ferrero, y Cercós, 2019).

cursos y planteamientos teóricos sólidos, han puesto en marcha programas de acogida de los nuevos docentes que contemplan, sobre todo, la acogida inicial para conocer al equipo docente, compartir aspectos organizativos (espacios, horarios, calendarios, organigrama, evaluaciones…) y tomar contacto con los documentos del Proyecto Educativo. En demasiados pocos casos este proceso se centra en un modelo pedagógico definido y de profesional educativo, y solo en algunos de ellos se tienen en cuenta los aspectos relacionados con la investigación educativa, la indagación sobre la propia práctica y la importancia del trabajo docente colectivo.

La panorámica que acabamos de ofrecer no es nueva ni exclusiva de España, por lo que no es extraño que en las últimas décadas la investigación educativa haya constatado la importancia crucial de la etapa inicial de la vida profesional de los docentes, habiendo propuesto y probado diversas posibilidades para esta iniciación docente. Entre estas posibilidades, tal vez las más prometedoras sean los llamados **programas de inducción** a la práctica docente[81]. Estos programas consisten en "procesos de iniciación formales e institucionalizados, ya sea por políticas gubernamentales o por acuerdo establecido entre los miembros de las comunidades educativas" que tiene como objetivo "ayudar a los principiantes en su adaptación al entorno y realidad de su trabajo, socializar con las normas profesionales, apropiarse de la colegialidad de su profesión y, por último, detectar a los profesionales que no han logrado desarrollar las habilidades necesarias para un ejercicio profesional efectivo" (Manso y Donaire, 2022).

Para la efectividad de estos programas, la investigación reconoce algunas condiciones fundamentales (Donaire y Manso, 2025):

1. Mentoría de soporte al novel con mentores altamente cualificados.
2. Duración extendida[82], con una dedicación intensa en frecuencia y tiempos.
3. Dar tiempo extra para mentores y noveles, mejor si es con reducción de la carga de trabajo y de las horas de docencia.
4. Observación de las prácticas propias y de otros docentes, con retroalimentación constante enfocada a la mejora.
5. Colaboración en el aula con docentes experimentados.
6. Entender los centros educativos como comunidades de aprendizaje profesional que empoderan a expertos y noveles.

---

[81] Jesús Manso y Carolina Donaire dan una muy buena perspectiva sobre la inducción docente en "El acompañamiento a docentes noveles en el marco de un desarrollo profesional fortalecido" (Manso y Donaire, 2022). Los mismos autores han realizado un estudio comparado de los programas de inducción en Australia, Japón y Chile, que exponen en el artículo "Los programas de inducción docente como vía de profesionalización" (Donaire y Manso, 2025).

[82] Los programas exitosos suelen extenderse entre 12 y 24 meses.

La propia definición y estas claves para el éxito sitúan los programas de inducción en un marco sistémico, que va más allá del centro educativo, lo que es a la vez fortaleza y debilidad: apuestan por un cambio de cultura profesional docente, pero requieren de un enfoque decidido y mantenido en el tiempo por parte de la administración educativa para aportar los marcos conceptuales, la organización a nivel de sistema educativo y los recursos para llevarlos a cabo.

Ciertamente, mientras exigimos y esperamos este impulso sistémico, las posibilidades de los centros se ven muy limitadas, pero las mismas condiciones de éxito enumeradas nos indican algunas vías de actuación que puedan mejorar la situación actual en nuestro centro, que básicamente tienen que ver con la redistribución de recursos (¿podemos asignar alguna hora a un docente experto para que mentorice a un novel?, ¿podemos disminuir la carga lectiva del novel para dedicar ese tiempo al proceso de inducción?, ¿podemos sustituir desdoblamientos por codocencias?, ¿podemos convertir reuniones de departamento o de ciclo o etapa en reuniones de mentoría o de práctica reflexiva colectiva?, ¿podemos asignar materias que permitan reducir el número de alumnos sobre los que intervienen?, ¿podemos reducir el número de materias diferentes que va a impartir?, ¿podemos disminuir la carga burocrática de noveles y mentores?, ¿podemos distribuir las responsabilidades —tutorías, jefaturas de departamento, coordinaciones de ciclo...—?) o con la configuración del colectivo docente como una Comunidad Profesional de Aprendizaje (como proponemos en el próximo capítulo) en la que el docente novel pueda aprender de sus iguales y reflexionar sobre su práctica.

Otra vía posible es bucear en los entresijos del sistema para aproximarnos o participar como centro en algunos de los programas de inducción que en fase de pruebas o pilotaje se están llevando a cabo en nuestro entorno, como el programa experimental *Sensei. Residència inicial docent*[83], que se está desarrollando en Cataluña desde el curso 23-24. Puede ser inspirador consultar su página web para acercarse a un programa de inducción que se ha diseñado pensando en una colaboración centros-investigación-administración, en el que se han definido tanto un *Marco de competencias profesionales docentes* (Departament d'Educació, 2023)[84] como una *Fundamentación conceptual* (Servei de Formació i Desenvolupament Professional del Personal. Subdirecció d'Innovació i Formació, 2022), como un proceso de aplicación que incluye la selección de docentes noveles, la selección de centros formadores, la selección

---

[83] https://projectes.xtec.cat/residencia-docent/ (Departament d'Educació, 2025).

[84] En el sitio web de soporte al documento *Marc de les competències Professionals docents S. XXI* (https://sites.google.com/xtec.cat/marccompetencialdocentsxxi/inici) hay abundante material, muy actualizado y organizado, sobre competencias docentes y el proceso de inducción (con información sobre el proceso en diversos países europeos).

y formación de los mentores expertos, y el diseño, seguimiento y evaluación del proceso de inducción.

Pensando en **el desarrollo de la carrera docente**, Philippe Perrenoud ha propuesto que "organizar la propia formación continua" debería ser una de las competencias profesionales clave de todo docente, y distingue cinco componentes para esta competencia (Perrenoud, 2010):

- Saber explicitar sus prácticas.
- Establecer un balance de competencias y un programa personal de formación continua propios.
- Negociar un proyecto de formación común con los compañeros (equipo, escuela, red).
- Implicarse en las tareas a nivel general de la enseñanza o del sistema educativo.
- Acoger y participar en la formación de los compañeros.

El planteamiento de Perrenoud nos interesa porque pone de relieve diversas cuestiones que no siempre se tienen en cuenta cuando se habla de carrera profesional o de formación docente. El primer elemento es que se parte de la idea de que el docente va a pasar por etapas diferentes en su vida profesional y que la formación que le conviene dependerá de su momento profesional y vital. El segundo elemento es que la formación permanente tiene que equilibrar los intereses y necesidades individuales y los colectivos (del centro, principalmente, pero también del sistema educativo en general). El tercer elemento es que la formación continua debe dar respuesta a las necesidades del itinerario profesional que un docente quiera seguir.

Para ello, el sistema educativo debería ofrecer a los docentes la posibilidad de elegir un itinerario personal para su carrera profesional, que les ayude a mantener su motivación y compromiso profesional a lo largo de los años, tanto por las responsabilidades y retos que implica como por las mejoras laborales que las acompañan. Este itinerario puede consistir en convertirse en un docente experto "a pie de aula", centrado en la mejora continua de la propia práctica, en el acceso a puestos de responsabilidad en el centro o en el sistema educativo, en tutorizar las prácticas universitarias de futuros docentes, en mentorizar a docentes noveles, en ejercer de formador de formadores (en los programas de formación continua, pero también en el Grado de Magisterio o en el Máster de profesor de Secundaria), ser impulsor de una CPA, participar en redes de centros o de docentes o en proyectos de investigación educativa, etc.

Si se pretende desarrollar una cultura profesional docente que crea en la capacidad colectiva de mejorar la enseñanza que recibe el alumnado, es necesario que los diversos niveles del liderazgo educativo acompañen al docente en la elección de su itinerario personal, en la evaluación de su desempeño y que inviertan en el desa-rrollo del capital profesional de todo el profesorado a lo largo de toda su carrera. Pero además es necesario que en este itinerario se generen los espacios y tiempos para que este profesional pueda participar en la gobernanza del sistema y en la de-terminación de sus fines.

Capítulo nueve

Comunidades profesionales de aprendizaje: un enfoque para la mejora continua del profesorado

¿Por qué no utilizar lo que sabemos del aprendizaje para el propio aprendizaje de los docentes? Sería lo adecuado, sin embargo, los conocimientos sobre los procesos y las condiciones que promueven el aprendizaje de los alumnos no suelen utilizarse para construir entornos de aprendizaje adecuados para sus docentes. Podemos encontrar estudios que muestran indicios de que estos procesos y condiciones tienen muchas características comunes (Bransford, Brown y Cocking, 2000[85]), incluidas las identificadas en los capítulos anteriores de este libro. Por ejemplo, hacer conexiones, desarrollar la conciencia metacognitiva y tomar el control del propio aprendizaje a través de la autorregulación son importantes para promover el aprendizaje tanto de los estudiantes como de quienes les enseñan.

En la misma línea, es fundamental establecer primero objetivos de aprendizaje significativos tanto para ellos como para sus alumnos. Así, es importante que identifiquemos qué conocimientos y habilidades tenemos ya, y qué nuevas áreas de comprensión necesitamos para alcanzar los objetivos que hemos identificado para nuestro alumnado. Por eso resulta sorprendente cuando la formación docente no explica para qué puede servir, y los docentes se ven abocados a realizar cosas que no entienden o para qué las hacen.

El problema es que en la profundización de los conocimientos profesionales y en el perfeccionamiento de las competencias es donde suelen comenzar los enfo-

---

[85] Bransford, J. D., Brown, A. L. y Cocking, R. R. (2000): *How People Learn: Brain, Mind, Experience, and School*. Washington DC: National Academy Press.

ques tradicionales del desarrollo profesional de los docentes. El problema de esta dimensión como punto de partida es que la necesidad de conocer algo nuevo es identificada por alguien externo al grupo de profesores (por ejemplo, un consultor o un investigador), sin que los profesores participantes entiendan necesariamente la razón por la que es importante conocerlo o se comprometan a hacerlo. En estas circunstancias, los objetivos pertenecen a otras personas que asumen la responsabilidad de promover el aprendizaje profesional. Los profesores eligen entonces si se comprometen o se resisten.

De hecho, el trabajo de Hammerness y colaboradores (2005[86]) en Estados Unidos ha identificado que, cuando no se ayuda a los profesores a establecer estas conexiones, interpretan las nuevas ideas dentro de los marcos existentes y, por tanto, solo realizan cambios superficiales en la práctica cuando se requieren cambios mucho más profundos. Estos autores se refieren al problema como una "sobreasimilación". Las conceptualizaciones tradicionales se han situado dentro de marcos de desarrollo, de novato a experto, a medida que los profesores adquieren mayor fluidez y eficacia dentro de la práctica. Convertirse en un profesional experto implica aprender progresivamente un conjunto de conocimientos y habilidades relevantes para esa profesión.

El problema de esta conceptualización es que el aprendizaje y la experiencia profesional se sitúan dentro de marcos cognitivos existentes. Resolver problemas viejos con enfoques nuevos, como la integración de la metacognición en las aulas, a menudo significa salir de estos marcos y requiere que los profesores pensemos y actuemos de forma diferente. El ciclo de indagación y creación de conocimientos tiene como núcleo la creencia de que los profesores son expertos adaptables, que están atentos a las situaciones en las que las rutinas anteriores no funcionan bien y buscan diferentes tipos de soluciones.

Todo esto, evidentemente, requiere algo más que la comprensión por parte de los docentes de cómo deben pensar y actuar de forma diferente. También requiere que las escuelas se conviertan en lugares de aprendizaje profesional deliberado y sistemático.

Por tanto, la formación docente puede mejorar utilizando enfoques coherentes con los principios de cómo aprenden las personas (Bransford *et al.*, 2000). El aprendizaje profesional de los docentes se produce cuando los profesores enmarcan juntos su propio aprendizaje, identificando los objetivos tanto para ellos como para sus alumnos; creando asociaciones con quienes tienen experiencia, como los investigadores, para garantizar que su aprendizaje está enfocado. Por tanto, se informan en

---

[86] HAMMERNESS, K.; DARLING-HAMMOND, L.; BRANSFORD, J.; BERLINER, D.; COCHRAN-SMITH, M.; MCDONALD, M., y ZEICHNER, K. (2005): "How teachers learn and develop". En L. Darling-Hammond (Ed.): *Preparing teachers for a changing world: What teachers should learn and be able to do* (pp. 358-389). San Francisco (California), John Wiley & Sons.

la investigación establecida sobre lo que funciona; trabajan juntos para investigar, desafiar y ampliar sus puntos de vista actuales; y luego generan información sobre el progreso que están haciendo para poder monitorear y ajustar su aprendizaje, y evaluar el impacto del mismo. La investigación y el aprendizaje colaborativos continuos se convierten en el centro de la imagen de los profesores como profesionales y, a través de este proceso, se convierten en aprendices autorregulados.

Las comunidades profesionales de aprendizaje

En un contexto educativo que trata de promover una educación informada por la investigación, las comunidades profesionales de aprendizaje (CPA) emergen como una de las estrategias más prometedoras para promover el desarrollo continuo del profesorado. En línea con los principios de la educación expuestos en los capítulos anteriores del libro, estas comunidades se posicionan como espacios colectivos en los que la práctica reflexiva se convierte en una herramienta fundamental para la mejora de la enseñanza y el aprendizaje.

El concepto de comunidades profesionales de aprendizaje (CPA) parte de la premisa de que el desarrollo profesional docente alcanza su máxima efectividad cuando se lleva a cabo en un entorno colaborativo, reflexivo y profundamente vinculado con los desafíos concretos y contextualizados del aula. En lugar de limitarse a encuentros ocasionales o conversaciones informales entre colegas, las CPA se configuran como estructuras intencionalmente diseñadas para facilitar una mejora continua y sostenida de las prácticas pedagógicas. Según Wenger (2001[87]), estas comunidades no solo generan un espacio de intercambio, sino que también establecen una dinámica de aprendizaje conjunto donde la reflexión crítica y la acción planificada se integran en ciclos iterativos de mejora.

Lo que distingue a las CPA de otras formas de desarrollo profesional es su carácter deliberado y organizado. Proporcionan un entorno seguro y de confianza, donde los docentes pueden explorar tanto sus fortalezas como sus áreas de mejora, compartiendo sin temor sus experiencias, inquietudes y aprendizajes. Este ambiente fomenta no solo el análisis individual, sino también el desarrollo de estrategias basadas en el conocimiento colectivo. Así, los docentes no trabajan de manera aislada, sino que se apoyan mutuamente para superar desafíos comunes y alcanzar metas compartidas, creando una red de apoyo que refuerza su sentido de pertenencia profesional. A este respecto, tampoco sustituyen a una reunión de departamento, aunque puede ocurrir que un departamento decida organizarse como una CPA. Sin embargo, es importante que se respeten los espacios y tiempos, para que la bu-

---

[87] WENGER, E. (2001): *Comunidades de práctica: Aprendizaje, significado e identidad.* Paidós.

rocracia no acabe comiéndose la reflexión, algo que puede suceder a menudo. Por eso, nuestra recomendación es siempre establecer una CPA como complemento a las demás reuniones que puedan existir.

El impacto de las CPA trasciende el ámbito individual y transforma la cultura escolar en su conjunto. Cuando los docentes se involucran en procesos colaborativos de reflexión y aprendizaje, modelan para sus estudiantes una forma de trabajar juntos para resolver problemas y alcanzar objetivos comunes. En este sentido, las CPA no solo benefician a los docentes, sino que también tienen un impacto indirecto pero profundo en el aprendizaje del alumnado. Tanto los alumnos como sus familias, al observar a sus maestros trabajar en equipo, discutir ideas y abordar problemas con una actitud crítica y constructiva, pueden interiorizar estas mismas actitudes. Las CPA ayudan a valorar la cooperación, a resolver conflictos de manera respetuosa y a comprender que el conocimiento es un esfuerzo colectivo. De este modo, contribuyen a la formación de una comunidad escolar que no solo se enfoca en el crecimiento académico, sino también en el desarrollo de todos sus miembros.

Además, al anclar las discusiones en experiencias concretas, las CPA permiten que los docentes aborden problemas reales, desde la gestión del comportamiento hasta la adaptación de los currículos para satisfacer las diversas necesidades del alumnado. En última instancia, las CPA no solo fortalecen las competencias profesionales de los docentes, sino que también transforman las escuelas en verdaderas comunidades de aprendizaje, donde cada miembro —ya sea docente, alumno o familia— contribuye al crecimiento colectivo.[88]

Diseño práctico de las comunidades profesionales de aprendizaje

Para que una comunidad profesional de aprendizaje logre sus objetivos, su diseño debe ser intencional, estructurado y adaptable a las necesidades de los docentes y del contexto escolar. Un diseño efectivo no se limita a crear un espacio de intercambio, sino que también establece las bases para un trabajo colaborativo que sea consistente y que tenga un impacto significativo en las prácticas educativas.

El primer componente clave de una CPA efectiva es el **propósito compartido**, un elemento esencial que actúa como brújula para guiar todas las actividades del grupo. Según Wenger (2001), las CPA deben partir de un objetivo claro y específico que unifique a sus miembros en torno a un desafío o área de mejora significativa. Este propósito no solo define la dirección del trabajo colaborativo, sino que también

---

[88] MORALES, M. (2024): *La observación de aula*. SM, Madrid.

otorga coherencia a las acciones del grupo y fomenta una mayor implicación emocional e intelectual por parte de sus participantes.

En este contexto, la elección del propósito adquiere una relevancia crítica, ya que no todos los objetivos tienen el mismo potencial para transformar las prácticas educativas o generar un impacto sostenido. Aunque este libro detalla diversas estrategias pedagógicas y organizativas, el propósito de cada CPA debe definirse atendiendo al contexto único de cada centro educativo. Este enfoque contextualizado permite que las comunidades adapten sus esfuerzos a los problemas y necesidades específicos que enfrentan sus docentes y estudiantes, asegurando que los resultados sean significativos y relevantes para todos los implicados. Este enfoque reconoce que el conocimiento es una herramienta de empoderamiento que no solo mejora las capacidades académicas, sino que también amplía las oportunidades futuras de los estudiantes.

En el marco de una CPA, trabajar hacia un currículo rico en conocimiento podría significar que el propósito compartido se oriente a diseñar experiencias de aprendizaje que no solo sean accesibles para todos los estudiantes, sino que también eleven el nivel de desafío intelectual. Esto podría implicar la selección deliberada de contenidos curriculares que promuevan el pensamiento crítico, la resolución de problemas y la conexión entre disciplinas. Por ejemplo, una CPA podría centrarse en alinear las estrategias pedagógicas con la idea de ofrecer a los estudiantes acceso a un conocimiento que no es inmediatamente accesible en su entorno cotidiano, ayudándolos a trascender sus circunstancias y dotándolos de herramientas para interpretar el mundo de manera más compleja.

En definitiva, cuando una CPA adopta este enfoque como propósito compartido, los docentes no solo trabajan en mejorar técnicas de enseñanza, sino también en garantizar que el currículo sea una vía para promover la equidad social. Esto podría incluir iniciativas para reducir las brechas de acceso al conocimiento entre estudiantes de diferentes contextos socioeconómicos o la introducción de estrategias pedagógicas que democratizan el acceso al conocimiento abstracto y especializado.

Definir un propósito compartido con base en estos principios también refuerza el compromiso y la motivación de los docentes, ya que otorga un significado profundo a su labor colaborativa. Tener un objetivo claro y medible, como mejorar la enseñanza de conceptos científicos abstractos o rediseñar unidades curriculares para integrar perspectivas históricas críticas, permite a los participantes visualizar el impacto tangible de su trabajo, tanto en su desarrollo profesional como en el aprendizaje de sus estudiantes. Además, la claridad en los objetivos facilita el seguimiento del progreso a través de evidencias concretas, lo que no solo legitima el trabajo de la CPA, sino que también mantiene a sus miembros enfocados y comprometidos con el cambio.

Un segundo aspecto fundamental es la **estructura interna sólida**. Tal como señalan Morales *et al.* (2024), una CPA efectiva no puede depender únicamente del entusiasmo de sus miembros, sino que también requiere una organización clara con roles bien definidos, procesos estructurados y herramientas específicas que faciliten el trabajo colaborativo. Sin una estructura adecuada, las CPA corren el riesgo de convertirse en encuentros informales que carecen de continuidad y, por tanto, de impacto en la práctica docente y en el aprendizaje de los estudiantes.

La definición de roles dentro de la CPA es un componente esencial para garantizar su funcionamiento eficaz. La claridad en la distribución de responsabilidades permite que cada participante comprenda su papel dentro del grupo y contribuya activamente a su desarrollo. Dentro de una CPA bien organizada, los facilitadores desempeñan un papel crucial en la orientación del grupo hacia el logro de sus objetivos. Su labor consiste en guiar las discusiones, asegurando que se mantengan alineadas con el propósito establecido; fomentar una participación equitativa y promover un ambiente de confianza que facilite el intercambio abierto de ideas. Un facilitador efectivo se encarga de estructurar las reuniones de manera que el tiempo se aproveche al máximo, introduciendo preguntas clave que estimulen la reflexión y la toma de decisiones fundamentadas en la evidencia.

Además de la figura del facilitador, es importante contar con coordinadores que asuman la responsabilidad de los aspectos organizativos de la comunidad. Su rol implica la gestión de la logística, como la programación de reuniones, la distribución de lecturas relevantes y la recopilación de datos que permitan evaluar los avances del grupo. Los coordinadores también pueden encargarse de la documentación de las sesiones, garantizando que las discusiones y acuerdos alcanzados queden registrados de manera sistemática. De esta forma, la CPA no solo mantiene un rumbo claro, sino que también puede realizar un seguimiento detallado de los compromisos adquiridos y los progresos realizados a lo largo del tiempo.

Por otro lado, la participación activa de todos los miembros es un elemento indispensable para que la comunidad funcione de manera efectiva. La implicación de los docentes no debe limitarse a la asistencia a las reuniones, sino que también debe traducirse en una contribución constante mediante la aportación de experiencias, la reflexión crítica y el compromiso con la implementación de nuevas estrategias en sus prácticas pedagógicas. Una CPA en la que los docentes se sientan partícipes y responsables de su propio desarrollo profesional tiene más probabilidades de generar cambios significativos en el aula.

Para reforzar esta estructura interna, resulta fundamental la utilización de herramientas que faciliten la organización y el desarrollo de las reuniones. Instrumentos como rúbricas compartidas permiten evaluar los progresos en función de criterios claros y consensuados, lo que aporta objetividad a los debates y orienta la toma de decisiones. Del mismo modo, la implementación de agendas detalladas garantiza que cada encuentro tenga un propósito definido y una estructura clara, evitando que las reuniones se desvíen hacia temas secundarios o carezcan de un enfoque práctico. Asimismo, el uso de protocolos de discusión ayuda a organizar las intervenciones de los participantes, promoviendo un diálogo estructurado y centrado en la búsqueda de soluciones concretas a los desafíos identificados en el aula.

En definitiva, la solidez estructural de una CPA es un factor determinante para su éxito. La correcta definición de roles, el uso de herramientas de apoyo y la creación de un ambiente colaborativo basado en la confianza y la responsabilidad compartida son elementos clave que permiten transformar las comunidades profesionales de aprendizaje en verdaderos motores de mejora continua dentro de los centros educativos.

Otro pilar esencial en el diseño de las comunidades profesionales de aprendizaje (CPA) es la **reflexión cíclica**, un enfoque profundamente arraigado en el modelo de acción-reflexión de Schön (1983). Este modelo destaca la importancia de alternar continuamente entre la acción y la reflexión como un medio para generar aprendizaje y mejorar las prácticas profesionales. En el contexto de una CPA, la reflexión cíclica se convierte en una herramienta clave para integrar un proceso sistemático de análisis, implementación y evaluación, que permite a los docentes no solo abordar los desafíos educativos, sino también desarrollar soluciones significativas y sostenibles.

El proceso comienza con la identificación de áreas problemáticas o desafiantes en las prácticas pedagógicas. Estas áreas suelen emerger a partir de la observación directa en el aula, el análisis de evidencias del aprendizaje del alumnado o de discusiones dentro de la CPA. Esta última opción nos parece la menos recomendable, ya que puede llegar a originar situaciones de "terapia de grupo", o momentos de desahogo necesarios, pero que pueden agostar la iniciativa de los miembros de la CPA, que se ven abocados a discutir una y otra vez casos particulares. Por poner un ejemplo de lo que sí puede funcionar, los docentes pueden notar que sus alumnos tienen dificultades para comprender un concepto específico o que los resultados de aprendizaje no son homogéneos entre diferentes grupos. Una vez identificada una cuestión clave, los miembros de la CPA trabajan de manera colaborativa para analizar sus posibles causas, basándose tanto en la investigación educativa (y para eso necesitamos bibliotecas que contengan libros especializados para los docentes) como en la experiencia acumulada del grupo.

Posteriormente, los docentes desarrollan e implementan intervenciones diseñadas para abordar los problemas detectados. Estas intervenciones pueden incluir desde cambios en las estrategias de enseñanza hasta ajustes en el diseño curricular o la adopción de herramientas de evaluación más efectivas. La colaboración dentro de la CPA es crucial en esta etapa, ya que permite a los docentes aprovechar la diversidad de perspectivas y experiencias de sus colegas, enriqueciendo así las posibles soluciones. Este enfoque colectivo también fomenta un sentido de responsabilidad compartida, aumentando el compromiso con la implementación de las estrategias acordadas.

La evaluación es la etapa final y, a la vez, el punto de partida para el siguiente ciclo de reflexión. En esta fase, los docentes analizan el impacto de las intervenciones utilizando datos concretos, como resultados de evaluación, observaciones de clase o retroalimentación de los estudiantes. El uso de evidencias no solo valida las decisiones tomadas, sino que también proporciona una base objetiva para identificar áreas de mejora adicionales. Este enfoque cíclico asegura que el aprendizaje profesional sea continuo, adaptativo y centrado en las necesidades cambiantes del contexto educativo.

Lo que distingue al modelo de acción-reflexión de Schön en las CPA es su capacidad para transformar la experiencia práctica en conocimiento profesional. Según Schön, la reflexión no es solo un proceso retrospectivo, sino también una actividad en tiempo real que guía la toma de decisiones durante la práctica. Este "reflexionar en la acción" permite a los docentes ajustar sus estrategias de manera inmediata y aprender de la dinámica de sus propias intervenciones mientras estas ocurren. Al mismo tiempo, la "reflexión sobre la acción", que tiene lugar tras la implementación, proporciona un espacio para consolidar aprendizajes, identificar patrones y convertir las experiencias en conocimiento transferible.

En última instancia, la reflexión cíclica dentro de las CPA es mucho más que un proceso técnico; es una filosofía de mejora constante que conecta la práctica cotidiana con una visión a largo plazo de desarrollo y transformación. Al integrar el análisis crítico, la acción colaborativa y la evaluación basada en evidencias, las CPA no solo abordan los desafíos inmediatos, sino que también construyen una base sólida para la innovación sostenible en la educación.

Por último, es imprescindible garantizar **espacios y tiempos protegidos** para las reuniones de la CPA. La falta de tiempo es una de las barreras más comunes y significativas que enfrentan los docentes al intentar comprometerse con actividades de desarrollo profesional (Bambrick-Santoyo, 2016). Por ello, los centros educativos deben priorizar y asignar horarios específicos dentro de la jornada laboral, asegurándose de que las reuniones de la CPA no sean vistas como una carga adicional, sino como una parte esencial del trabajo docente. Esta integración no solo reduce la resistencia al cambio, sino que también refuerza el mensaje de que el desarrollo profesional colaborativo es una prioridad institucional.

El liderazgo escolar juega un papel crucial en la protección de estos espacios y tiempos. Según Michael Fullan (2014), los líderes escolares deben adoptar un enfoque estratégico para garantizar que los esfuerzos de desarrollo profesional estén alineados con las prioridades del centro. Esto incluye eliminar o reducir tareas administrativas innecesarias que puedan interferir con la participación en las CPA. Además, Robinson (2011) argumenta que los equipos directivos deben establecer expectativas claras y comunicar que estas reuniones son una parte no negociable del compromiso del centro con la mejora continua. Este liderazgo no coercitivo, sino orientador, fomenta una cultura de profesionalismo en la que los docentes se sienten valorados y apoyados.

Un aspecto clave señalado por Fullan es la necesidad de alinear los esfuerzos de desarrollo profesional con las prioridades del centro educativo. Esto significa que los directivos deben trabajar en la identificación de objetivos compartidos que resuenen con la misión y visión de la institución, asegurándose de que las CPA no operen de manera aislada, sino como una extensión coherente de los planes de mejora escolar. Para lograrlo, es crucial que los líderes escolares diseñen un marco organizativo que proporcione el tiempo y los recursos necesarios para la implementación efectiva de las CPA. Esto puede implicar la reorganización de los horarios escolares para garantizar la disponibilidad de espacios de reflexión y colaboración, así como la asignación de recursos que permitan a los docentes enfocarse en el trabajo conjunto sin distracciones externas.

Fullan también enfatiza la importancia de reducir o eliminar tareas administrativas innecesarias que pueden obstaculizar la participación de los docentes en las CPA. Las cargas burocráticas excesivas, como la elaboración de informes redundantes o la asistencia a reuniones poco relevantes, desvían la atención de los docentes de su desarrollo profesional y limitan su capacidad de reflexionar y colaborar en profundidad. La pandemia puede haber sido la oportunidad desaprovechada para garantizar una mejor organización de las reuniones docentes, promoviendo además los espacios virtuales más que las reuniones de calentar la silla por la tarde, como si la presencia física fuese garantía de procesamiento mental.

Además, Viviane Robinson (2011) argumenta que los equipos directivos deben establecer expectativas claras sobre la participación en las CPA, comunicando de manera explícita que estas reuniones son una parte esencial e innegociable del compromiso del centro con la mejora continua. La formalización de las CPA dentro de la estructura escolar refuerza su legitimidad y fomenta una cultura de profesionalismo en la que los docentes comprenden que su desarrollo no es una cuestión opcional, sino un elemento central de su labor. Sin embargo, este proceso no debe ser percibido como una imposición, sino como una oportunidad de crecimiento conjunto. Fullan resalta que el liderazgo efectivo no se basa en el control rígido, sino en la creación de una visión compartida que inspire a los docentes a involucrarse activamente en el proceso de mejora.

Un liderazgo escolar exitoso, según Fullan, es aquel que genera un entorno de confianza y apoyo, donde los docentes se sienten valorados y respaldados en su esfuerzo por mejorar su práctica. La creación de este entorno requiere que los líderes adopten un papel de facilitadores, proporcionando no solo el tiempo y los recursos necesarios, sino también un acompañamiento constante que motive a los docentes a comprometerse con su desarrollo profesional. Esto implica la celebración de logros, el reconocimiento del esfuerzo del profesorado y la construcción de una cultura en la que el aprendizaje colaborativo se valore como un pilar esencial del éxito educativo.

Otra idea clave en el modelo de liderazgo propuesto por Fullan es la necesidad de un liderazgo distribuido, en el cual no solo los directivos asumen la responsabilidad de promover las CPA, sino que también se empodera a los propios docentes para que asuman roles de liderazgo dentro de sus comunidades. Esta estrategia no solo alivia la carga de los equipos directivos, sino que además fomenta un sentido de pertenencia y corresponsabilidad entre el profesorado, lo que contribuye a la sostenibilidad a largo plazo de las CPA. Cuando los docentes sienten que tienen un papel activo en la toma de decisiones y en la orientación de las iniciativas de desarrollo profesional, es más probable que se comprometan genuinamente con ellas.

La **creación de un espacio físico o virtual dedicado exclusivamente** a las reuniones de las CPA también es esencial. Tal como señala Bambrick-Santoyo (2016), cualquier ambiente en el que los docentes trabajan juntos debe ser percibido como un entorno seguro, donde se valore la confianza mutua y se fomente un intercambio constructivo de ideas. La confianza es un elemento fundamental para que los docentes se sientan cómodos al compartir sus fortalezas, reconocer sus áreas de mejora y colaborar en la búsqueda de soluciones. Estos espacios no deben limitarse a la mera logística; también deben reflejar la importancia del propósito de la CPA. Contar con recursos adecuados, como acceso a datos relevantes, literatura relevante (de nuevo, importantísimo disponer de una buena colección de libros para los docentes) y tecnología que facilite la colaboración, refuerza el mensaje de que estas reuniones son un componente vital del trabajo docente.

Asignar tiempo para las CPA no debe interpretarse como una pérdida de recursos, sino como una inversión estratégica en el desarrollo profesional y, en última instancia, en el aprendizaje de los estudiantes. Hattie (2015) sostiene que las actividades colaborativas, cuando se centran en el impacto en el aprendizaje, son una de las intervenciones más poderosas en términos de eficacia educativa. Lo denomina en su trabajo "eficacia docente colectiva", que no es más que la cultura de un claustro que trabaja junto, con objetivos comunes y enfocado en la mejora del aprendizaje. Sin embargo, este impacto solo puede lograrse si los docentes tienen el tiempo necesario para reflexionar, planificar y evaluar sus prácticas en un marco colaborativo.

Finalmente, proteger el tiempo y el espacio para las CPA también refuerza la cultura de mejora continua dentro de los centros educativos. Como sugiere Robinson (2011), las escuelas que priorizan el tiempo para la colaboración profesional envían un mensaje claro sobre los valores que las guían: el aprendizaje no solo es para los estudiantes, sino también para los docentes. Al crear un entorno donde la colaboración se percibe como parte integral del trabajo docente, se fomenta una cultura en la que el desarrollo profesional no es visto como una tarea aislada, sino como un proceso continuo y colectivo.

Conclusión

Una buena base

Uno de los hilos conductores del libro ha sido la necesidad de superar dicotomías simplificadoras: entre teoría y práctica, entre conocimiento científico y conocimiento profesional, entre innovación y tradición. Hemos defendido que el desarrollo profesional docente debe apoyarse tanto en las aportaciones de disciplinas como la psicología cognitiva, la filosofía de la educación o la sociología, como en la capacidad de los docentes para contextualizar, adaptar y transformar ese conocimiento desde su experiencia. Del mismo modo, hemos planteado que la investigación educativa cobra pleno sentido cuando está enraizada en los problemas reales del aula y se convierte en motor de mejora compartida.

Durante décadas, las políticas educativas y muchas de las propuestas de innovación han sido diseñadas y promovidas desde una lógica descendente: los gobiernos o incluso los organismos supranacionales dictan reformas curriculares; posteriormente, las administraciones prescriben enfoques metodológicos; a veces los investigadores generan evidencias y recomendaciones, y los centros educativos y docentes las implementan —o lo intentan— con mayor o menor convicción y capacidad. Esta forma de concebir la mejora educativa, profundamente arraigada en la tradición técnica y en un modelo de gestión vertical, ha mostrado sus limitaciones una y otra vez. Sobre todo, su incapacidad para transformar el sistema "desde abajo", desde las realidades concretas de cada aula.

La experiencia acumulada muestra que las transformaciones duraderas en educación no ocurren simplemente porque se promulguen leyes ni porque se publiquen estudios. Ocurren, sobre todo, cuando los docentes se apropian de las ideas, las traducen a su realidad, las contrastan con su experiencia y las incorporan de manera reflexiva y crítica a su práctica cotidiana. Es en las aulas —no en los despachos— donde la educación se realiza, y es allí donde debe comenzar todo proceso de cambio.

Hemos subrayado también la importancia de recuperar una visión más amplia de la educación, que no se limite a los indicadores de rendimiento, sino que incluya las dimensiones éticas, sociales y políticas de la tarea docente. Educar es siempre una apuesta por un tipo de sociedad, por una concepción de lo que vale la pena aprender y de cómo convivir. Por eso, pensar sobre la práctica educativa desde la evidencia implica también explicitar los fines que perseguimos, discutir nuestras prioridades, y preguntarnos en qué medida estamos construyendo espacios escolares que promuevan la equidad, la justicia social y la agencia de todo el alumnado.

La lógica inversa del cambio: del aula a la política

Invertir la lógica del cambio educativo significa, en primer lugar, cuestionar de forma radical la manera en que históricamente se han concebido las reformas en educación. Durante décadas, las políticas educativas se han basado en un modelo de prescripción vertical, en el que los niveles superiores definen qué debe cambiarse en las aulas y cómo debe hacerse. En este modelo, el profesorado es tratado como un ejecutor de decisiones ajenas, y el aula es vista como el último eslabón de una cadena de implementación que comienza lejos del terreno en el que efectivamente se realiza la tarea educativa.

Este tipo de enfoque tiene serias limitaciones. Por un lado, genera una desconexión profunda entre las decisiones políticas y la realidad escolar, lo que da lugar a reformas que resultan ineficaces o, en el peor de los casos, contraproducentes. Por otro, produce un efecto de desprofesionalización del docente, al reducir su papel a la aplicación de metodologías, materiales o marcos curriculares elaborados sin su participación. No es de extrañar, entonces, que muchas reformas sean recibidas con escepticismo o con desconfianza, no siempre o no solo porque los docentes se opongan al cambio, cosa que a veces sucede, sino también porque no se reconocen en él: no han sido escuchados, no han participado en su diseño, y no ven cómo responderá a los problemas concretos de sus contextos.

Frente a este modelo de prescripción, lo que se propone es un modelo de construcción compartida del cambio educativo, en el que la mejora nace de un diálogo constante entre quienes diseñan políticas, quienes investigan y quienes practican la educación en el día a día de las aulas. En este enfoque, las aulas dejan de ser el lugar al que hay que llevar el cambio, para convertirse en el lugar desde donde el cambio se genera. Se parte de la idea de que los docentes, lejos de ser aplicadores pasivos, son agentes de conocimiento práctico que, al enfrentarse cotidianamente a los desafíos del aprendizaje, desarrollan un saber profesional valioso, situado y transferible. Los docentes no somos implementadores, somos diseñadores.

Esto no quiere decir que cada docente deba innovar en solitario o reinventar la rueda constantemente. Por el contrario, implica fortalecer redes de colaboración y crear condiciones institucionales que permitan que las experiencias acumuladas en los centros se compartan, se analicen y se conviertan en aprendizajes colectivos. Requiere una política educativa que no solo escuche la voz del profesorado, sino que también la integre estructuralmente en los procesos de toma de decisiones. No como una consulta simbólica o un trámite final, sino como parte del diseño inicial de cualquier iniciativa relevante.

En este sentido, una política educativa verdaderamente comprometida con la mejora de la calidad debería asumir con claridad que no es posible transformar las aulas sin la implicación activa de quienes trabajan en ellas. Y esta implicación no puede ser únicamente ejecutiva; debe ser deliberativa y constructiva. Para ello, se deben establecer mecanismos concretos que garanticen la participación de los docentes en ámbitos como:

- **La definición de los fines de la educación**, abriendo espacios deliberativos en los que se pueda discutir colectivamente qué entendemos por buena educación, qué tipo de ciudadanía queremos promover, y cuáles son los valores que deben orientar el trabajo escolar.
- **El diseño curricular**, de modo que puedan adaptar los fines y contenidos de la educación a las necesidades, intereses y contextos de su alumnado, sin perder de vista los objetivos generales del sistema educativo.
- **La elaboración de las políticas de formación inicial y permanente**, a fin de que respondan a las necesidades reales del profesorado, no a las modas del momento ni a los intereses del mercado formativo.
- **La evaluación del sistema educativo**, de manera que los indicadores de calidad no se limiten a mediciones estandarizadas de rendimiento, sino que también incluyan variables más complejas, como el bienestar del alumnado, la equidad educativa o el desarrollo de competencias para la vida democrática.

En este nuevo paradigma, también la formación permanente del profesorado debe transformarse. En lugar de seguir funcionando como una oferta vertical de cursos y talleres poco contextualizados, basados en momentos escasos y repartidos sin contexto a lo largo del curso escolar, organizados desde fuera del centro y sin conexión con las preocupaciones reales de los docentes, se requiere un modelo centrado en la demanda situada: una formación que nace de los interrogantes que surgen en la práctica, que se organiza en torno a la resolución de problemas concretos, y que se desarrolla en comunidad.

Este tipo de formación no puede limitarse a transmitir contenidos: debe generar espacios de diálogo profesional, en los que los docentes puedan poner en común experiencias, analizar resultados, incorporar hallazgos de la investigación y diseñar conjuntamente nuevas propuestas. El conocimiento no se "baja" al aula: se construye en ella, mediante ciclos de indagación, prueba, evaluación y ajuste, en los que se entrelazan la experiencia profesional, la reflexión colectiva y el uso crítico de la evidencia externa.

Un buen ejemplo de esta lógica inversa lo constituyen las comunidades profesionales de aprendizaje o los equipos de mejora escolar, que parten de las necesidades reales de los centros, se organizan con autonomía y son capaces de dialogar de tú a tú con los discursos académicos o institucionales. En estas experiencias, el profesorado no solo mejora su práctica, sino que también asume un papel activo en la transformación de la cultura escolar y en la producción de conocimiento educativo.

Finalmente, para que esta inversión de la lógica del cambio sea viable, es imprescindible que las estructuras institucionales también cambien. Las administraciones educativas y todos sus agentes (la inspección educativa la primera) deben pasar de ser órganos de control y fiscalización a convertirse en agentes facilitadores: deben invertir en tiempo para la reflexión docente, en redes de intercambio entre centros, en acompañamiento técnico desde un enfoque no impositivo y en repositorios abiertos de evidencias construidas con y para los docentes.

Las universidades, por su parte, deben abrirse a colaborar más estrechamente con los centros escolares, no solo como espacios de prácticas, sino también como espacios de cocreación de conocimiento, en los que la investigación y la docencia se alimenten mutuamente.

Invertir la lógica del cambio, en suma, no es una declaración simbólica, sino una apuesta política, cultural y organizativa. Y significa, también, comprometerse con una visión de la educación en la que la práctica profesional no se reduce a ejecutar políticas, sino que supone además transformarlas desde la reflexión crítica, la colaboración y el compromiso ético con el aprendizaje de todos los estudiantes.

Superar la dialéctica de los bandos

Hablar de educación en términos de bandos, trincheras o batallas no es una metáfora inofensiva: es una forma de estructurar el pensamiento y el discurso que empobrece el debate pedagógico y genera consecuencias negativas para la profesión docente. Al adoptar una lógica de confrontación, en la que parece necesario alinearse con una "postura" frente a otra, se reduce la complejidad de los problemas educativos a dilemas simplificados y se impide el diálogo entre perspectivas que podrían ser complementarias. Este tipo de lenguaje convierte la deliberación pedagógica en un campo de lealtades identitarias más que en un espacio de análisis y cooperación.

Uno de los efectos más preocupantes de esta lógica es la inhibición del pensamiento crítico dentro del propio colectivo docente. Cuando cada propuesta es rápidamente etiquetada como parte de una corriente o un "bando", se vuelve difícil explorar matices, plantear dudas o combinar ideas que proceden de tradiciones distintas. Se genera un clima en el que los posicionamientos importan más que los argumentos, y en el que cambiar de opinión o revisar creencias se interpreta como traición, no como un signo de profesionalidad reflexiva. Este clima no favorece la mejora, sino el estancamiento.

Además, el uso de términos bélicos alimenta una visión de la docencia como un terreno de lucha permanente, en lugar de reconocerla como una tarea de construcción colectiva. La idea de que hay que "combatir" ciertas prácticas o "derrotar" determinadas concepciones educativas refuerza una imagen del aula como un espacio ideológico en disputa, antes que como un entorno donde se aprende, se experimenta, se reflexiona y se ajusta la práctica en función de su impacto. Esta narrativa bélica dificulta que los docentes puedan colaborar entre sí, compartir dudas, intercambiar aprendizajes o construir conocimiento a partir de la diversidad.

Superar este marco no significa aspirar a un consenso artificial ni eliminar el conflicto del debate educativo. Significa reconocer que el desacuerdo es necesario, pero que no debe expresarse en clave de guerra. La educación se beneficia más de las preguntas abiertas que de las consignas, y más de los encuentros entre mundos que de los muros que los separan. Abandonar la terminología bélica es, en este sentido, un paso importante hacia una cultura profesional más madura, más abierta al conocimiento y más capaz de asumir la complejidad de enseñar.

El docente como profesional deliberativo

El modelo de docente que aquí se propone no es el del técnico que aplica recetas, ni el del improvisador solitario que se guía exclusivamente por la intuición o la costumbre. Es el del profesional deliberativo, que combina conocimiento práctico y conocimiento teórico, que sabe hacerse preguntas relevantes sobre su práctica y buscar respuestas fundamentadas, que dialoga con sus colegas y con la investigación, y que entiende su trabajo como una contribución a un proyecto educativo común.

Este profesional deliberativo necesita condiciones estructurales que lo favorezcan: tiempo para reunirse con otros docentes, acceso a información de calidad, formación que desarrolle competencias críticas, y una cultura organizativa que no penalice el error ni premie la obediencia ciega. Pero, sobre todo, necesita recuperar su voz, su autonomía y su sentido de agencia.

Formar a este tipo de docente requiere también repensar la formación inicial, que debe integrar desde el principio el hábito de la indagación sobre la práctica, el conocimiento de los límites y potencialidades de la evidencia empírica, y una actitud ética que reconozca el carácter humano, situado e incierto de toda decisión educativa.

Reposicionar la evidencia en un diálogo horizontal

El papel de la investigación educativa, en este nuevo marco, no desaparece: se transforma. La evidencia deja de ser un instrumento de prescripción tecnocrática para convertirse en un insumo valioso dentro de procesos deliberativos en los que participan docentes, equipos directivos, formadores y responsables de política educativa.

Esto exige también un cambio por parte del mundo académico. Los investigadores deben comprometerse en procesos de colaboración genuina con los centros educativos. La producción de conocimiento debería orientarse más a generar comprensión y herramientas para la acción situada que a establecer *rankings* o jerarquías de prácticas.

Un ejemplo poderoso de esta transformación lo ofrecen las comunidades profesionales de aprendizaje, donde grupos de docentes exploran de forma sistemática problemas de su práctica, incorporan evidencia externa cuando es pertinente, y generan evidencia interna para valorar el impacto de sus decisiones. Este modelo permite que la investigación se encarne en procesos vivos, adaptativos y comprometidos con los contextos reales, lejos de la abstracción y del dogmatismo.

Una profesión con conciencia crítica

Promover procesos de mejora educativa que se construyan desde la práctica y en diálogo con quienes la ejercen requiere repensar qué entendemos por profesionalidad docente. No se trata de reforzar una lógica de cumplimiento, sino de consolidar una profesión que se define por su capacidad de análisis, su compromiso con los fines públicos de la educación y su disposición a revisar y perfeccionar colectivamente sus propias formas de intervención.

Esto exige una formación que vaya más allá del dominio técnico y que permita a los docentes comprender el marco normativo, cultural y ético en el que desarrollan su labor. Supone, además, reconocer que toda decisión pedagógica se sitúa en un entramado de valores —a veces complementarios, a veces en conflicto— y que educar implica también deliberar sobre ellos. En este sentido, una educación orientada por principios democráticos requiere una profesión docente capaz de ejercer su autonomía con responsabilidad, con herramientas para argumentar, justificar y transformar sus prácticas en función de metas compartidas.

El profesorado: una comunidad que reflexiona y aprende

A lo largo de este libro se ha mostrado que no existen soluciones universales ni prácticas infalibles aplicables a cualquier contexto educativo. Lo que sí existe es un cuerpo creciente de conocimientos sistemáticos, respaldados por investigación empírica, así como experiencias docentes que han generado aprendizajes valiosos sobre qué condiciones favorecen el cambio y cuáles lo dificultan. Adoptar una enseñanza informada por evidencias no implica adherirse a un conjunto cerrado de prescripciones, sino desarrollar una actitud profesional orientada a la mejora continua, en diálogo con el saber científico y con la realidad concreta del aula.

Para que esta perspectiva tenga un impacto real, no basta con aumentar la cantidad de lecturas o actividades formativas. Es necesario modificar los marcos desde los que se reconoce y se produce el conocimiento sobre la enseñanza. Eso implica considerar las preguntas que se hacen los docentes como legítimas, sus prácticas como objeto válido de indagación, y su experiencia profesional no como una fuente anecdótica, sino como una dimensión esencial para interpretar y contextualizar los hallazgos de la investigación.

La mejora educativa no vendrá únicamente desde directrices externas, por bien fundamentadas que estén. Tendrá lugar en la medida en que los docentes puedan apropiarse críticamente de los conocimientos disponibles, reinterpretarlos en función de sus desafíos concretos, y generar respuestas contextualizadas que puedan ser compartidas y evaluadas. Esa capacidad se fortalece cuando se reconoce la práctica no solo como aplicación de teorías, sino como espacio legítimo de producción de conocimiento educativo.

En última instancia, lo que está en juego es construir un modelo de desarrollo profesional que supere la dicotomía entre teoría e intervención, y que permita a los docentes ejercer un rol activo en la transformación educativa, sustentado tanto en la evidencia como en la reflexión situada. Finalmente, este libro propone una visión del profesorado como comunidad que aprende. No hay mejora posible sin condiciones estructurales que permitan a los docentes trabajar juntos, revisar sus prácticas, intercambiar evidencias y construir saber pedagógico compartido. Las comunidades profesionales de aprendizaje, lejos de ser una propuesta organizativa más, encarnan esta idea de una profesión que se piensa a sí misma desde dentro, con rigor, con humildad y con ambición transformadora. Si queremos una educación mejor, necesitamos cuidar y fortalecer a quienes la hacen posible cada día. Y eso empieza por reconocer que la mejora educativa no se decreta, se construye: con evidencia, con compromiso y con colaboración.

Blibliografía

Introducción

- CARTER, M. y WHELDALL, K. (2008): "Why Can't a Teacher Be More Like a Scientist? Science, Pseudoscience and the Art of Teaching". *Australasian Journal of Special Education.*
- DUNLOSKY, J.; RAWSON, K. A.; MARSH, E. J.; NATHAN, M. J. y WILLINGHAM, D. T. (2013): "Improving Students' Learning With Effective Learning Techniques: Promising Directions From Cognitive and Educational Psychology". *Psychological Science in the Public Interest.*
- FERRERO, M. (2020): "Can Research Contribute to Improve Educational Practice?". *The Spanish Journal of Psychology.*
- FRIES, L.; SON, J. y.; GIVVIN, K. B., y STIGLER, J. W. (2021): "Practicing Connections: A Framework to Guide Instructional Design for Developing Understanding in Complex Domains". *Educational Psychology Review.*
- HOWARD-JONES, P. (2021): *Effective Teaching and Its Relation to Our Scientific Understanding of Learning.* Unesco.
- MERK, S., y ROSMAN, T. (2019): "The "Smart but Evil" Stereotype: Perceptions of Educational Researchers by Teachers". *Educational Research Journal.*
- NATIONAL ACADEMIES OF SCIENCES, ENGINEERING AND MEDICINE (2018): *How People Learn II: Learners, Contexts, and Cultures.* Washington, DC, The National Academies Press.
- PASHLER, H.; MCDANIEL, M.; ROHRER, D. y BJORK, R. (2008): "Learning Styles: Concepts and Evidence". *Psychological Science in the Public Interest.*
- THOMM, E.; GOLD, B.; BETSCH, T., y BAUER, J. (2021): "When Preservice Teachers' Prior Beliefs Contradict Evidence From Educational Research". *British Journal of Educational Psychology.*

- ZIMMERMAN, B. J. (1989): "A Social Cognitive View of Self-Regulated Academic Learning". Journal of Educational Psychology.

Capítulo uno

- BANCO MUNDIAL y UNESCO (2024): *Observatorio de la financiación de la educación 2024.* Washington D. C., Banco Mundial y Unesco.
- BIESTA, G. (2010): "Why 'Whats Works' Still Won't Work. From evidence-based Education to value-Based Education". *Studies in Philosophia Education*, 491-503.
- BIESTA, G. J. (2023): *La buena educación en la era de las mediciones. Ética, Política y Democracia* (P. Cosín Fernández, D. Pimenta y S. Maldonado, trad.). Madrid, Morata.
- DORIO ALCARAZ, I.; SABARIEGO PUIG, M. y MASSOT LAFON, I. (2019): "Características generales de la metodología cualitativa". A. R. Bisquerra Alzina (ed.): *Metodología de la investigación educativa* (6ª ed., p. 267-284). Madrid, Arco/La Muralla.
- FERRERO, M.; VADILLO, M. A. y LEÓN, S.P. (2021): "A valid evaluation of the theory of multiple intelligences is not yet possible: Problems of methodological quality for intervention studies". *Intelligence*, 88. doi:101566.
- FERRERO, M.; VADILLO, M. A. y LEÓN, S.P. (2 de abril de 2021): "Is project-based learning effective among kindergarten and elemantary students? A systematic review". *PloS ONE*. Recogido de https://doi.org/10.1371/journal.pone.0249627.
- HARGREAVES, D. H. (1996): "Teaching as a research-based profession: possibilities and prospects". *The Teacher Training Agency*. Londres, Annual Lecture.
- HEDERICH MARTÍNEZ, C.; MARTÍNEZ BERNAL, J. y RINCÓN CAMACHO, L. (2014): "Hacia una educación basada en la evidencia". *Revista Colombiana de Educación* (66), 19-54.
- MATEO ANDRÉS, J. (2019): "La investigación *ex post-facto*". A. R. Bisquerra Alzina (ed.): *Metodología de la investigación educativa* (p. 187-222). Madrid, Arco/La Muralla.
- NICKERSON, R. S. (1998): "Confirmation bias: A ubiquitous phenomenon in many guises". *Review of General Psychology,* 2(2), 175-220. Recogido de https://doi.org/10.1037/1089-2680.2.2.175.
- PÉREZ GÓMEZ, Á. I. (1994): "Comprender la enseñanza en la escuela. Modelos metodológicos de investigación educativa". A. J. Gimeno Sacristán y Á. I. Pérez Gómez: *Comprender y transformar la enseñanza* (3ª ed., p. 115-136). Madrid, Morata. Recogido de https://archive.org/details/gimeno-sacristan-j.-y-perez-gomez-a.-i.-1994-comprender-y-transformar-la-ensenanza/page/n3/mode/2up.
- SABARIEGO PUIG, M. (2019): "La investigación educativa: génesis, evolución y características". A. R. Bisquerra Alzina (ed.): *Metodología de la investigación educativa* (6ª ed.). Madrid, Arco/La Muralla.
- SÁNCHEZ-MECA, J. (diciembre de 2022): "Revisiones sistemáticas y meta-análisis en Educación: un tutorial". *RiiTE. Revista Interuniversitaria de Investigación en Tecnología Educativa* (13), 5-40. Recogido de https://doi.org/10.6018/riite.545451.

- SLAVIN, R. E. (octubre de 2002): "Evidence-Based Education Policies: Transforming Educational Practice and Research". *Educational Research*, 31 (7), 15-21. doi:10.3102/0013189X031007015.
- TEJEDOR, F. (2007): "Innovación educativa basada en la evidencia (IEBE)". *Bordón* (59), 475-478.
- ZABALA VIDIELLA, A. (2020): "Por un proceso de transformación basado en la fundamentación y las evidencias". *Dossier Graó. Evidencias científicas para mejorar la práctica docente* (5), 5-10.

Capítulo dos

- ARENDT, H. (2016): "La crisis de la educación". En H. Arendt, *Entre el pasado y el futuro. Ocho ejercicios sobre la reflexión política* (A. Poljak, trad., págs. 269-302). Barcelona, Península.
- BIESTA, G. J. (2023): *La buena educación en la era de las mediciones. Ética, Política y Democracia* (P. Cosín Fernández, D. Pimenta y S. Maldonado, trads.). Madrid, Morata.
- CONSEJO DE LA UNIÓN EUROPEA (4 de junio de 2018): "Recomendación del Consejo de 22 de mayo de 2018 relativa a las competencias clave para el aprendizaje permanente". Bruselas, Bélgica, *Diario Oficial de la Unión Europea*.
- MORIN, E. (1999): *Los siete saberes necesarios para la educación del futuro* (M. Vallejo-Gómez, trad.). Paris, Unesco.
- NUSSBAUM, M. C. (2012): *Crear capacidades. Propuesta para el desarrollo humano* (A. Santos Mosquera, trad.). Barcelona, Paidós.
- PERRENOUD, P. (2012): *Cuando la escuela pretende preparar para la vida. ¿Desarrollar competencias o enseñar otros saberes?* (B. Longerstay, trad.). Barcelona, Graó.
- TORRES SANTOMÉ, J. (1998): *El currículum oculto* (6ª ed.). Madrid, Morata.
- TORRES SANTOMÉ, J. (2017): *Políticas educativas y construcción de personalidades neoliberales y neocolonialistas*. Madrid, Morata.

Capítulo tres

- GARCÍA DOVAL, F. (2024): *Psicomitos*. Ed. Shakleton.
- MERCIER, H. y GARCÍA, G. (2023): *No hemos sido engañados: Por qué las fake news y la propaganda en realidad no funcionan. La ciencia de cómo decidimos en quién confiar y qué creer*. Shackleton Books.
- ROGERO, J. y TURIENZO, J.(2024): *Educafakes*. Ed. Capitán Swing.
- RUIZ MARTÍN, H. (2024): *Edumitos*. ISTF.

Capítulo cuatro

- ANDERSON, J. R. (2015): *Cognitive psychology and its implications* (8th ed.). Worth Publishers.
- BANDURA, A. (1986): *Social foundations of thought and action: A social cognitive theory*. Prentice-Hall.
- BADDELEY, A. D. y HITCH, G. J. (1974): Working memory. In G. A. Bower (Ed.), *The psychology of learning and motivation* (Vol. 8, pp. 47–89). Academic Press.
- BENJAMIN, L. T. (2009): *A brief history of modern psychology*. Wiley-Blackwell.
- BRUNING, R. H., SCHRAW, G. J., NORBY, M. M. y RONNING, R. R. (2011): *Cognitive psychology and instruction* (5th ed.). Pearson.
- CRAIK, F. I. M. y LOCKHART, R. S. (1972): "Levels of processing: A framework for memory research". *Journal of Verbal Learning and Verbal Behavior,* 11(6), 671–684. https://doi.org/10.1016/S0022-5371(72)80001-X.
- ERICSSON, K. A., KRAMPE, R. T. y TESCH-RÖMER, C. (1993): "The role of deliberate practice in the acquisition of expert performance". *Psychological Review,* 100(3), 363–406. https://doi.org/10.1037/0033-295X.100.3.363.
- FERNÁNDEZ, J. (2024): *En blanco: Cómo focalizar la atención, la memoria y la motivación para aprender*. Plataforma editorial.
- KUHN, T. S. (1981): *La estructura de las revoluciones científicas* (5ª ed.). Fondo de Cultura Económica.
- MATLIN, M. W. (2009): *Cognition* (7th ed.). Wiley.
- MAYER, R. E. (2009): *Multimedia learning* (2nd ed.). Cambridge University Press.
- MILLER, G. A. (1956): "The magical number seven, plus or minus two: Some limits on our capacity for processing information". *Psychological Review,* 63(2), 81–97. https://doi.org/10.1037/h0043158.
- NAYLOR, J. C. y BRIGGS, G. E. (1963): "Effects of task complexity and task organization on the relative efficiency of part and whole training methods". *Journal of Experimental Psychology,* 65(3), 217–224. https://doi.org/10.1037/h0041942.
- PAIVIO, A. (1986): *Mental representations: A dual coding approach*. Oxford University Press.
- REDER, L. M. (1998): *Implicit memory and metacognition*. Lawrence Erlbaum Associates.
- SKINNER, B. F. (2004): *Ciencia y conducta humana*. Ediciones Paidós. (Original publicado en 1953).
- SLAVIN, R. E. (2020): *Educational psychology: Theory and practice* (13th ed.). Pearson.
- STERNBERG, R. J. (1999): *Cognitive psychology*. Wadsworth Publishing.
- SWELLER, J. (2011): *Cognitive load theory*. Psychology of Learning and Motivation, 55, 37–76. https://doi.org/10.1016/B978-0-12-387691-1.00002-8.
- TULVING, E. (1983): *Elements of episodic memory*. Oxford University Press.
- VYGOTSKY, L. S. (1978): *Mind in society: The development of higher psychological processes*. Harvard University Press.
- WILLINGHAM, D. T. (2009): *Cognition: The thinking animal* (3rd ed.). Pearson.

Capítulo cinco

- AINSWORTH, M. D. S. (1978): *Patterns of Attachment: A Psychological Study of the Strange Situation. Hillsdale*, Nueva Jersey, Erlbaum.
- BANDURA, A. (1977): *Social Learning Theory*. Englewood Cliffs, Nueva Jersey, Prentice-Hall.
- BOWLBY, J. (1980): *Attachment and Loss: Volume III. Loss, Sadness and Depression*. Nueva York, Basic Books.
- MAIN, M., y SOLOMON, J. (1990): "Procedures for identifying infants as disorganized/ disoriented during the Ainsworth Strange Situation". En M. Greenberg, D. Cicchetti y E. M. Cummings (Eds.): *Attachment in the preschool years* (pp. 121-160). Chicago, University of Chicago Press.
- OLIVA, A. (2004): "Estado actual de la teoría del apego". *Revista de Psiquiatría y Psicología del Niño y del Adolescente*, 4 (1), 65-81.
- PITILLAS, C.; HALTY, A. y BERÁSTEGUI, A. (2016): "Mejorar las relaciones de apego tempranas en familias vulnerables: el programa Primera Alianza". *Clínica Contemporánea*, 7 (2), 88-95.

Capítulo seis

- BERGERON, P. -J., y RIVARD, L. (2017): How to Engage in Pseudoscience With Real Data: A Criticism of John Hattie's Arguments in Visible Learning From the Perspective of a Statistician. *McGill Journal of Education/Revue des sciences de l'éducation de McGill*, 52(1), 237-246. doi:https://doi.org/10.7202/1040816ar.
- BIESTA, G. J. (2023): *La buena educación en la era de las mediciones. Ética, Política y Democracia.* (P. Cosín Fernández, D. Pimenta y S. Maldonado, Trad.) Madrid: Ediciones Morata.
- CORWIN VISIBLE LEARNING PLUS. (Noviembre / 2024): *About MetaX*, 1.3. Consultat el 2 / 5 / 2025, a Visible Learning MetaX: https://www.visiblelearningmetax.com/research_methodology
- DUMONT, H., y ISTANCE, D. (2010): Analyzing and designing learning environments for the 21st century. A H. Dumont, D. Istance, & F. Benavides (Ed.), *The Nature of Learning. Using Research to Inspire Practice* (p. 19-34). Paris: Educational research and Innovation, OECD Publising.
- DUMONT, H., ISTANCE, D., y BENAVIDES, F. (Ed.). (2010): *The Nature of Learning. Using research to inspire practice*. Paris: Educational Research and Innovation, OECD Publishing. doi:https://doi.org/10.1787/9789264086487-en
- GAIRÍN SALLÁN, J. (2021): La Práctica educativa Basada en Evidencias. Una aproximación conceptual y operativa. A J. Gairín Sallán, y G. Ion (Ed.), *Prácticas educativas Basadas en Evidencias. Reflexiones, estrategias y buenas prácticas.* (p. 21-38). Narcea.

- GROFF, J. (2012): *La Naturaleza del Aprendizaje. Investigación para inspirar la práctica. Guía del practicante.* OECD Publishing.
- HATTIE, J. (2012): *Visible Learning for Teachers. Maximizing impact on learning.* Routlede.
- HATTIE, J. (2017): *Aprendizaje Visible para profesores. Maximizando el impacto en el aprendizaje* (1ª ed.). (C. Ors, Trad.) Madrid: Paraninfo.
- HATTIE, J. A. (2009): *Visible Learning. A synthesis of over 800 meta-analyses relating to achievement.* Routledge.
- OCDE, OIE-UNESCO, UNICEF LACRO. (2016): *La naturaleza del aprendizaje: usando la investigación para inspirar la práctica.* Unicef Lacro.
- PETTY, G. (2023): *Educación basada en evidencias. Cómo enseñar aún mejor.* Editorial SM.
- REVERTER, A. (2025): *Los Principios de Rosenshine.* Recollit de El Mcguffin Educativo: https://mcguffineducativo.es/principios-de-rosenshine/
- ROSENSHINE, B. (2010): *Principles of instruction.* UNESCO International Bureau of Education - International Academy of education. Recollit de https://unesdoc.unesco.org/ark:/48223/pf0000190652
- ROSENSHINE, B. (2011): *Principios de enseñanza.* (M. C. González Garibay, Trad.) UNESCO. Oficina Internacional de Educación. Recollit de https://hdl.handle.net/20.500.12799/5157
- SLAVIN, R. (21 / june / 2018): *John Hattie is Wrong.* Recollit de Robert Slavin's Blog: https://robertslavinsblog.wordpress.com/2018/06/21/john-hattie-is-wrong/
- TERHART, E. (2011): Has John Hattie really found the holy grail of research on teaching? An extended review of Visible Learning. *Journal of Curriculum Studies, 43*(3), 425-438. doi:10.1080/00220272.2011.576774.

Capítulo siete

- ALLWRIGHT, D. (2005): "Developing Principles for Practitioner Research: The Case of Exploratory Practice". *The Modern Language Journal, 89* (3), 353-366. Obtenido de http://www.jstor.org/stable/3588663.
- BLANCO, R.; CARRIÓ, V.; DOMÈNECH, X.; DOMÈNECH-CASAL, J.; LLORENTE, I. y MURO, I. (mayo de 2019): "Organizar e impulsar un centro de secundaria hacia el trabajo por proyectos". *Aula de Secundaria* (31), 27-31.
- COUSO LAGARÓN, D.; LÓPEZ-SIMÓ, V.; NAVARRO-PALÀ, M.; HERNÁNDEZ RODRÍGUEZ, M. I.; GARRIDO ESPEJA, A.; GRIMALT-ÁLVARO, C.; TENA GALLEGO, È. (gener. de 2024): edición del número especial "Jordi Domènech i la didàctica de les ciències". *Ciències. Revista del Professorat de Ciències* (47). doi:https://doi.org/10.5565/rev/ciencies.502.

- DOMÈNECH CASAL, J. (1999-2023): obtenido de jordi domènech ePortfolio. Educació i Ensenyament de les Ciències: https://jordidomenechportfolio.wordpress.com/.
- DOMÈNECH CASAL, J. (2013-2022): obtenido de Pupitrelàndia. Idees i recursos per a l'ensenyament de les ciències.: https://blogcienciesnaturals.wordpress.com/.
- DOMÈNECH CASAL, J. (2019): *Aprendizaje basado en proyectos, trabajos prácticos y controversias. 28 propuestas y reflexiones para enseñar ciencias.* Barcelona, Octaedro.
- DOMÈNECH CASAL, J. (2022): *Mueve la lengua, que el cerebro te seguirá. 75 acciones lingüísticas para enseñar a pensar en ciencias.* Barcelona, Graó.
- DOMÈNECH CASAL, J. (20 de diciembre de 2022): *Una invitació al brutalisme educatiu.* Obtenido de Pupitrelàndia. Idees i recursos per a l'ensenyament de les Ciències: https://blogcienciesnaturals.wordpress.com/2022/12/20/una-invitacio-al-brutalisme-educatiu/.
- DOMÈNECH CASAL, J. (2024): *Aprendizaje basado en proyectos para STEM. Breve manual práctico.* Barcelona, Octaedro.
- EQUIP IMPULSOR BETACAMP (2024): "Betacamp, mon camarade. Una proposta d'aprenentatge entre docents". *Ciències. Revista del Professorat de Ciències* (47). Obtenido de https://doi.org/10.5565/rev/ciencies.511.
- FULLAN, M. (2016): *La dirección escolar. Tres claves para maximizar su impacto* (P. Manzano Bernárdez, trad.). Madrid, Morata.
- FULLAN, M. y HARGREAVES, A. (2014): *Capital profesional. Transformar la enseñanza en cada escuela.* Madrid, Morata.
- KASER, L. y HALBERT, J. (2020): *La espiral de indagación playbook. Liderar con mentalidad indagadora en los sistemas educativos y en las escuelas.* EduCaixa / C21Canada - Canadians for 21st Century Learning and innovation. Obtenido de https://educaixa.org/es/-/recurso/la-espiral-de-indagacion.
- LATORRE, A. (2003): *La investigación-acción. Conocer y cambiar la práctica educativa* (10ª reimpresión ed.). Barcelona, Graó.
- PERRENOUD, P. (2007): *Desarrollar la práctica reflexiva en el oficio de enseñar. Profesionalización y razón pedagógica* (3ª ed.). Barcelona, Graó.
- REIS-JORGE, J. (2007): "Teachers'conceptions of teacher-research and sefl-perceptions as enquiring practitioners - A longitudinal case study". *Teaching and Taeacher Education,* 402-417.
- REIS-JORGE, J.; FERREIRA, M. y OLCINA-SEMPERE, G. (2020): "La figura del profesorado-investigador en la reconstrucción de la profesionalidad docente en un mundo en transformación" (U. d. Rica, ed.). *Revista de Educación,* 44. doi:https://doi.org/10.15517/revedu.v44i1.39044.
- RICHARDSON, V. (junio de 1994): "Conducting Research on Practice". *Educational Researcher,* 23 (5), 5-10. doi:10.2307/1177027.

Capítulo ocho

- ÁLVAREZ-LÓPEZ, G.; MARÍN-BLANCO, A.; GARCÍA FERRERO, J., y CERCÓS, R. (2019): "Estudio comparado de la iniciación profesional docente en España". En J. M. Valle López, y G. Álvarez López: *La iniciación profesional docente: Marcos supranacionales y estudios comparados* (págs. 179-203). Dykinson. Obtenido de https://repositorio.uam.es/bitstream/handle/10486/688711/estudio_alvarez_2019.pdf?sequence=1&isAllowed=y
- BIESTA, G. J. (2017): *El bello riesgo de educar. Cada acto educativo es singular y abierto a lo imprevisto.* (V. Kennedy y F. Fernández-Inclán, trads.). SM.
- DEPARTAMENT D'EDUCACIÓ (Enero de 2023): *Marc de les competències professionals docents.* (D. d.-G. Catalunya, ed.). Recuperado en 2025, de Sensei. Residencia inicial docent - Publicacions: https://projectes.xtec.cat/residencia-docent/wp-content/uploads/usu2294/2023/01/MCPDXXIgener23CAT.pdf.
- DEPARTAMENT D'EDUCACIÓ (2025): *Sensei. Residència inicial docent.* (D. d.-G. Catalunya, editor). Obtenido de https://projectes.xtec.cat/residencia-docent/.
- DONAIRE, C. A., y MANSO, J. (2025): "Los programas de inducción docente como vía de profesionalización. Un estudio comparado entre Australia, Japón y Chile". *Revista Española de Educación Comparada* (47), págs. 174-204. doi:https://doi.org/10.5944/reec.47.2025.44275.
- FULLAN, M. (2019): *El matiz. Por qué unos líderes triunfan y otros fracasan* (R. Filella, trad.). Madrid, Morata.
- FULLAN, M., y HARGREAVES, A. (2014): *Capital profesional. Transformar la enseñanza en cada escuela.* Madrid: Morata.
- HARGREAVES, A. (9 de febrero de 2021): "La gente está aburrida de PISA, hay cosas más importantes que tres cifras que suben o bajan" (R. Santodomingo, entrevistador). Obtenido de https://www.magisnet.com/2021/02/andrew-hargreaves-la-gente-esta-aburrida-de-pisa-hay-cosas-mas-importantes-que-tres-cifras-que-suben-o-bajan/.
- LARROSA, J. (2019): *Esperando no se sabe qué. Sobre el oficio de profesor.* Avinyonet del Penedès, Candaya.
- MANSO, J., y DONAIRE, C. (2022): "El acompañamiento a docentes noveles en el marco de un desarrollo profesional fortalecido". En C. Marcelo García y P. Marcelo Martínez: *Empezar con buen pie. Experiencias de programas de inducción y acompañamiento a docentes de nuevo ingreso* (págs. 9-30). Barcelona, Octaedro. Obtenido de https://octaedro.com/wp-content/uploads/2022/07/9788419312310.pdf.
- MARCELO GARCÍA, C. (17 de noviembre de 2009): "Profesores principiantes y programas de inducción a la práctica docente. *Enseñanza y Teaching: Revista Interuniversitaria de Didáctica,* 6 (1998), págs. 61-79. Obtenido de https://revistas.usal.es/tres/index.php/0212-5374/article/view/3365.

- MASSCHELEIN, J., y SIMONS, M. (2014): *Defensa de la escuela. Una cuestión pública.* MIño y Dávila.
- MEIRIEU, P. (5 de noviembre de 2008): *Le pari de l'éducabilité.* Recuperado en 2025, de Site de Philippe Meirieu: Historie et actualité de la pédagogie. https://www.meirieu.com/ARTICLES/educabilite.pdf.
- MINISTERIO DE EDUCACIÓN, FORMACIÓN PROFESIONAL Y DEPORTES - GOBIERNO DE ESPAÑA (25 de abril de 2023): *Fase de prácticas o inducción de los cuerpos docentes no universitarios en las Administraciones educativas.* Recuperado en 2025, de Eurydice España.
- PERRENOUD, P. (2010): *Diez nuevas competencias para enseñar. Invitación al viaje* (10ª reimpresión de la 1ª ed.). (J. Andreu, trad.). Barcelona, Graó.
- RANCIÈRE, J. (2010): *El maestro ignorante. Cinco lecciones sobre la emancipación intelectual* (2ª ed.). (N. Estrach, trad.). Barcelona, Laertes.
- SERVEI DE FORMACIÓ I DESENVOLUPAMENT PROFESSIONAL DEL PERSONAL. SUBDIRECCIÓ D'INNOVACIÓ I FORMACIÓ (2022): *1. Fonamentació.* (D. d. Catalunya, ed.). Recuperado en mayo de 2025, de Sensei. Residència inicial docent.: https://projectes.xtec.cat/residencia-docent/wp-content/uploads/usu2294/2023/01/221129Reside%CC%80nciainicialdocent.pdf.

Capítulo nueve

- BAMBRICK-SANTOYO, P. (2016): *Get better faster: A 90-day plan for coaching new teachers.* San Francisco (California).
  - Jossey-Bass.BRANSFORD, J. D., BROWN, A. L. y COCKING, R. R. (2000): *How People Learn: Brain, Mind, Experience, and School.* Washington DC: National Academy Press.
- FULLAN, M. (2014): *The principal: Three keys to maximizing impact.* San Francisco (California).
  - Jossey-Bass.HAMMERNESS, K.; DARLING-HAMMOND, L.; BRANSFORD, J.; BERLINER, D.; COCHRAN-SMITH, M.; MCDONALD, M. y ZEICHNER, K. (2005): "How teachers learn and develop". En L. Darling-Hammond (Ed.): *Preparing teachers for a changing world: What teachers should learn and be able to do* (pp. 358-389). San Francisco (California), John Wiley & Sons.
- HATTIE, J. (2015): *Visible learning: A synthesis of over 800 meta-analyses relating to achievement.* Londres (Reino Unido), Routledge.
- ROBINSON, V. M. J. (2011): *Student-centered leadership.* San Francisco (California), Jossey-Bass.
- WILIAM, D. (2011): *Embedded formative assessment.* Bloomington (Indiana), Solution Tree Press.

Otros libros de la colección Biblioteca de Innovación Educativa

- **Educación basada en evidencias**
  Cómo enseñar aún mejor
  GEOFF PETTY
- **Aprender a enseñar a leer y a escribir**
  Cómo aplicar evidencias científicas sobre el aprendizaje de la lectura y la escritura
  JUAN C. RIPOLL, NADINA GÓMEZ-MERINO y VICENTA ÁVILA CLEMENTE
- **La observación de aula**
  Un instrumento para la mejora educativa a través de la mirada y la escucha
  MARIANA MORALES
- **La evaluación formativa**
  Estrategias eficaces para regular el aprendizaje
  MARIANA MORALES y JUAN FERNÁNDEZ
- *Feedback* **formativo**
  Diálogo significativo para mejorar el aprendizaje
  JACKIE ACREE WALSH
- **La evaluación en el aprendizaje cooperativo**
  Cómo mejorar la evaluación individual a través del grupo
  DAVID W. JOHNSON y ROGER T. JOHNSON
- **Cooperar para crecer**
  El aprendizaje cooperativo en Educación Infantil
  OLGA MANSO BAEZA y FRANCISCO ZARIQUIEY BIONDI
- **Aprendizaje basado en proyectos**
  Preguntas y respuestas reales. Cómo abordar el ABP y la investigación
  ROSS COOPER y ERIN MURPHY
- **Queridas Matemáticas**
  Por qué los estudiantes odian las Matemáticas y qué pueden hacer los docentes al respecto
  SARAH STRONG y GIGI BUTTERFIELD
- **Pensamiento de diseño en la escuela**
  Cómo lograr que surjan ideas innovadoras y hacerlas realidad
  EWAN MCINTOSH
- **Diseño de espacios educativos**
  Rediseñar las escuelas para centrar el aprendizaje en el alumno
  PRAKASH NAIR

Pueden consultar más títulos de la colección en https://aprenderapensar.net/